Junge Fotografie
Ruhrtriennale 2016
Meisterkurs Julian Röder

Louisa Boeszoermeny
Jakob Ganslmeier
Gregor Schmidt
Julian Slagman

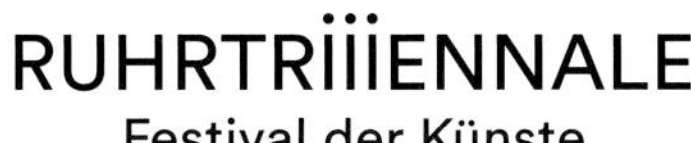

DISTANZ

Licht unserer Tage

Louisa Boeszoermeny

A 40

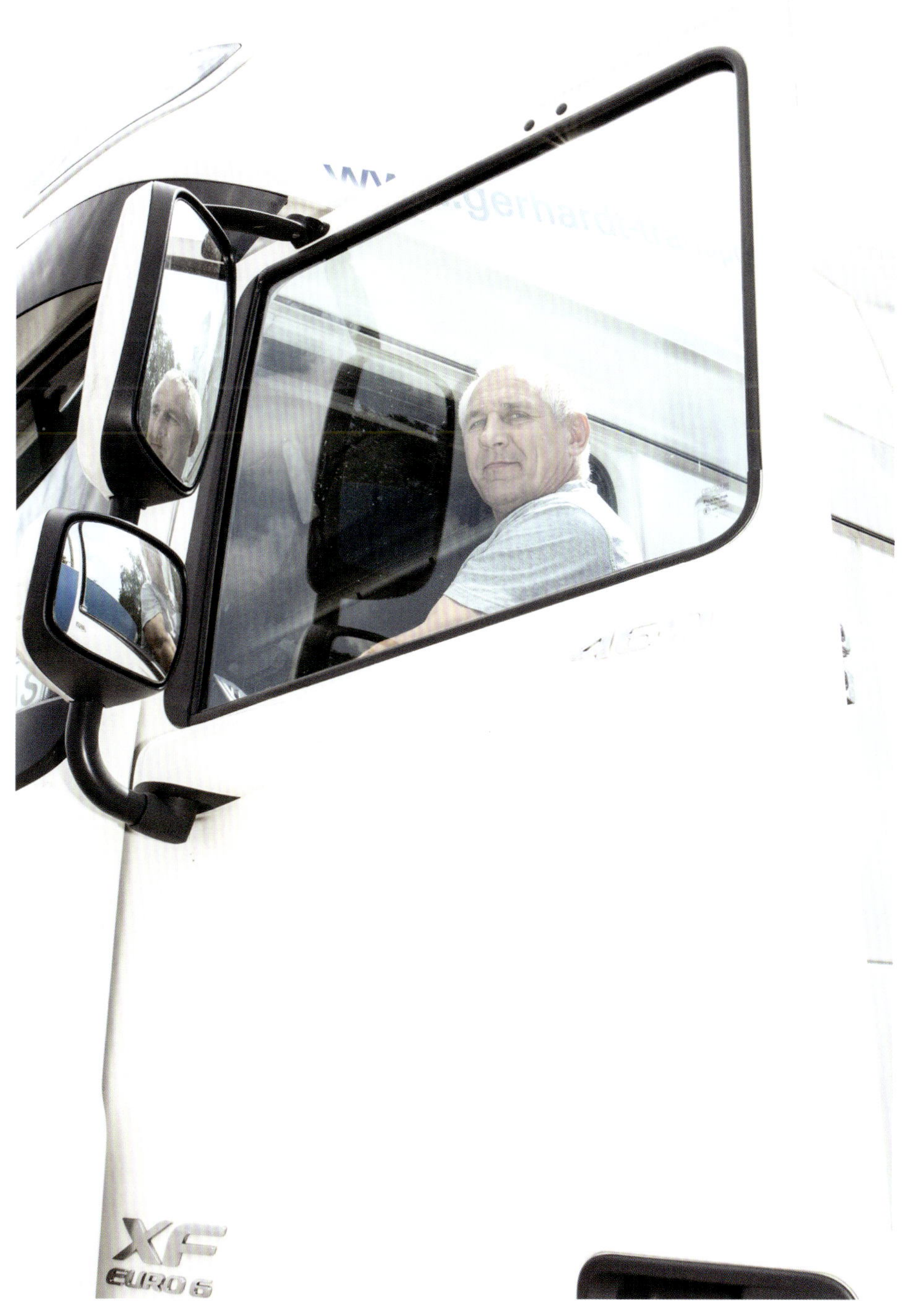
XF
EURO 6

Louisa Boeszoermeny

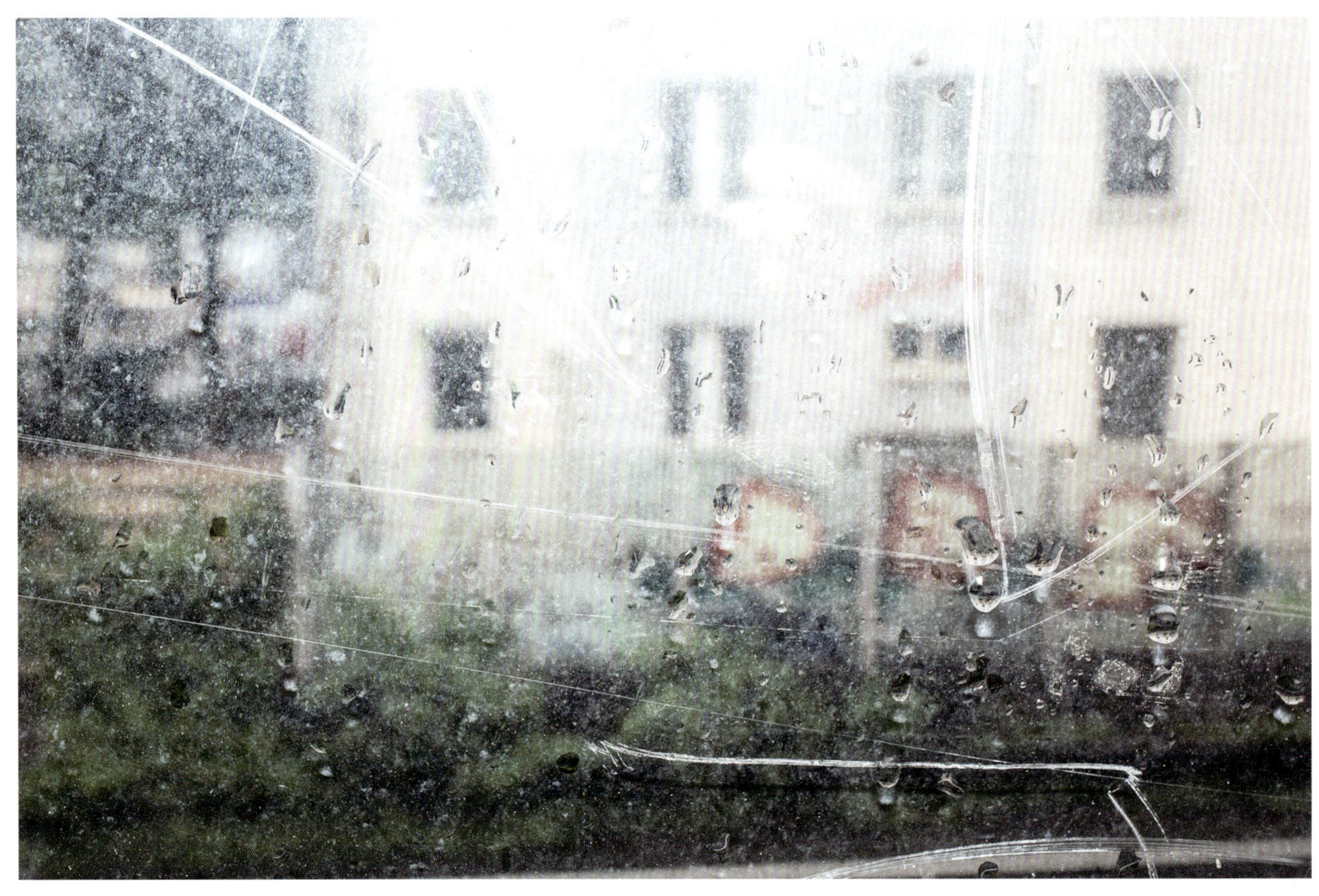

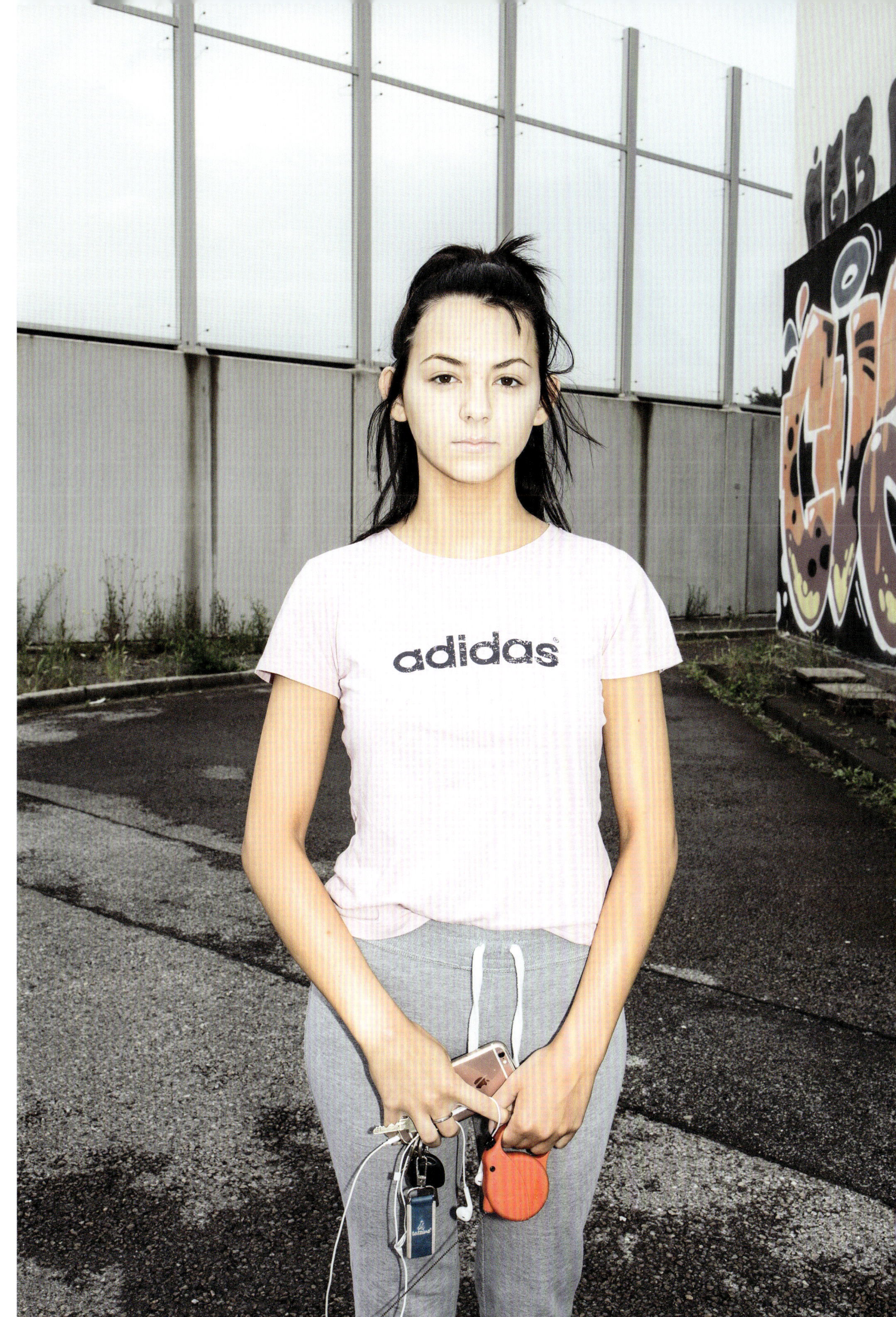
adidas

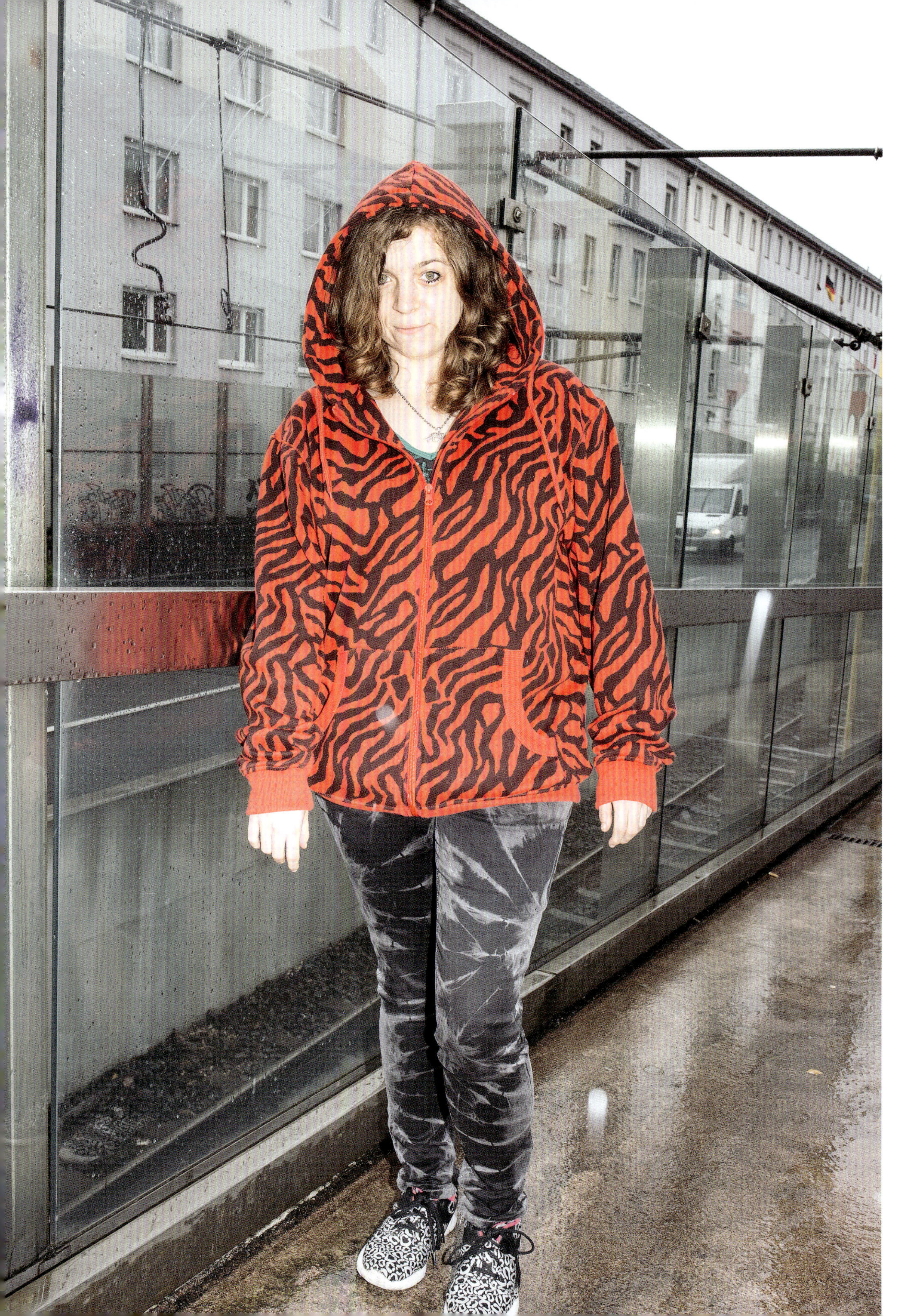

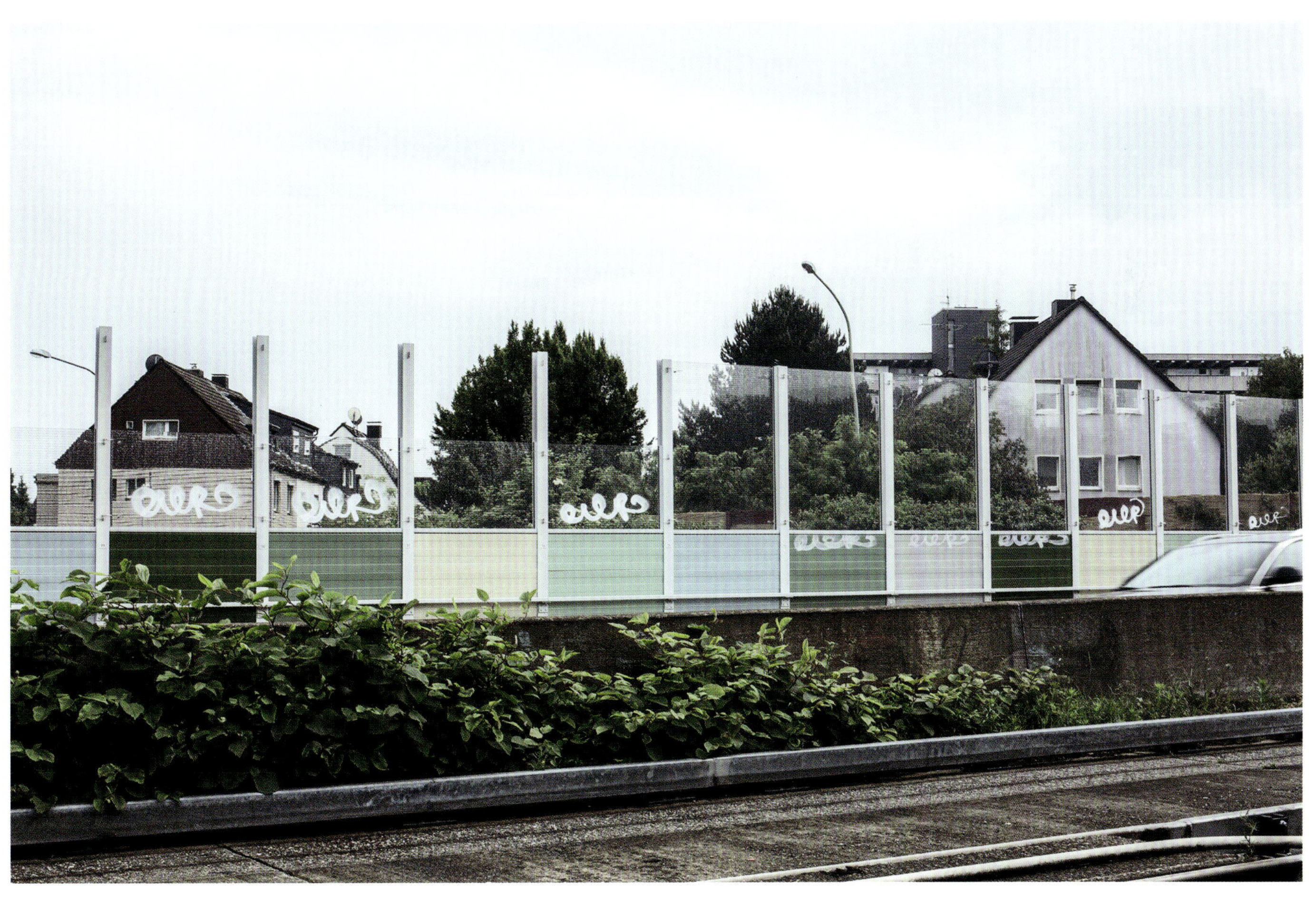

Louisa Boeszoermeny

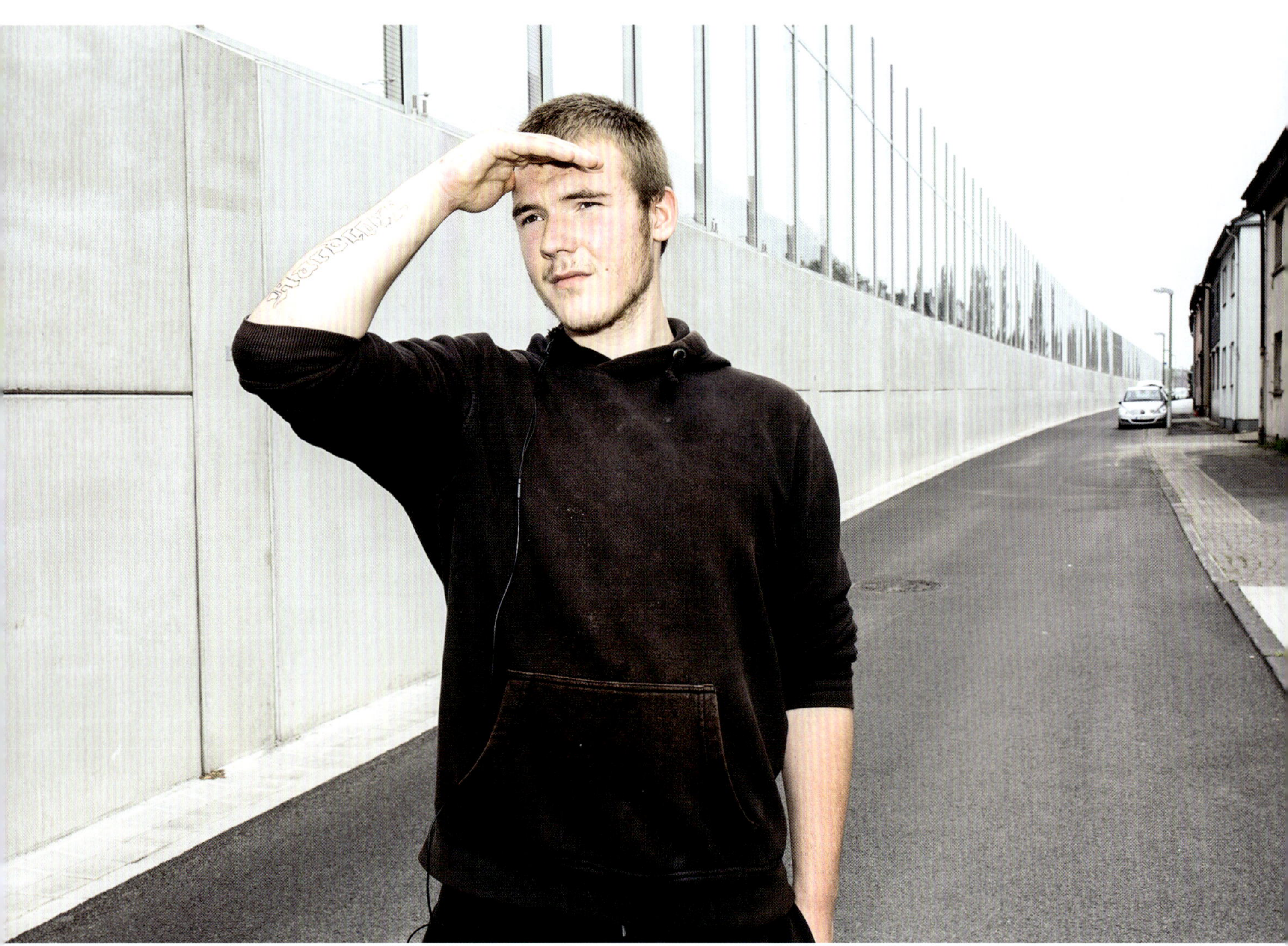

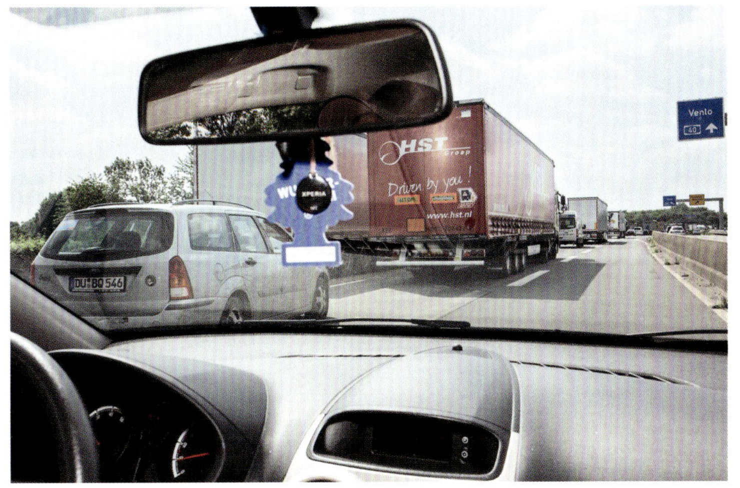
Vento
HST
Driven by you !
www.hst.nl

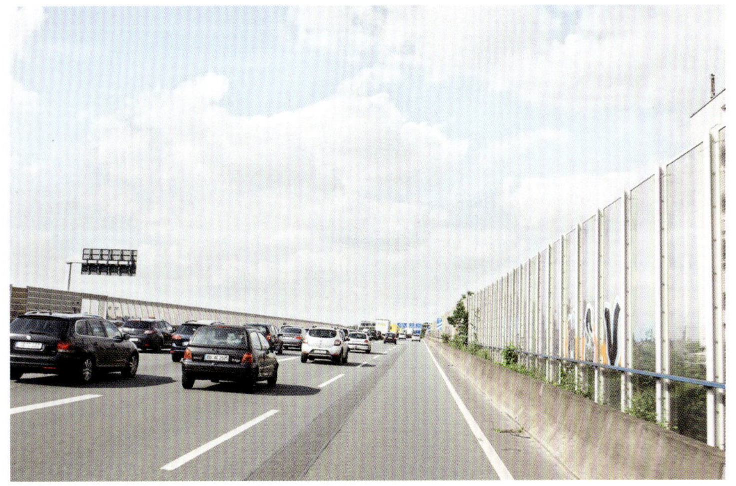

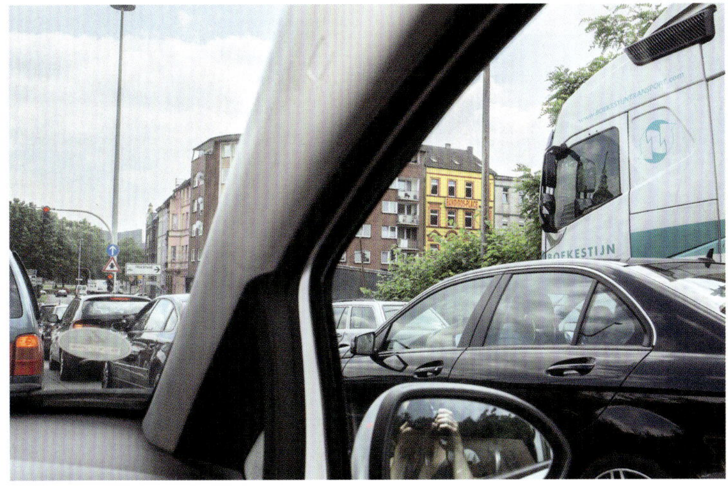

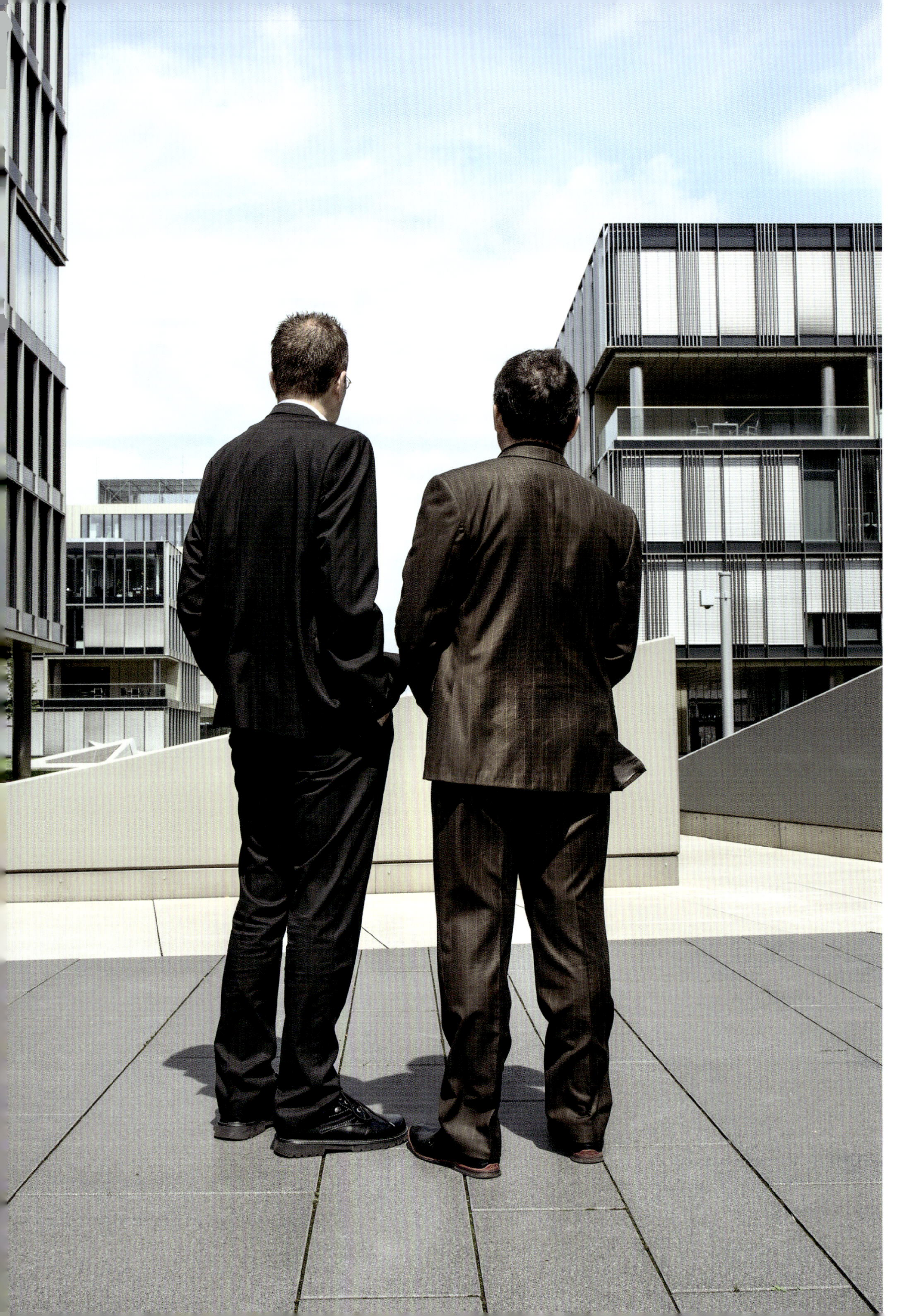

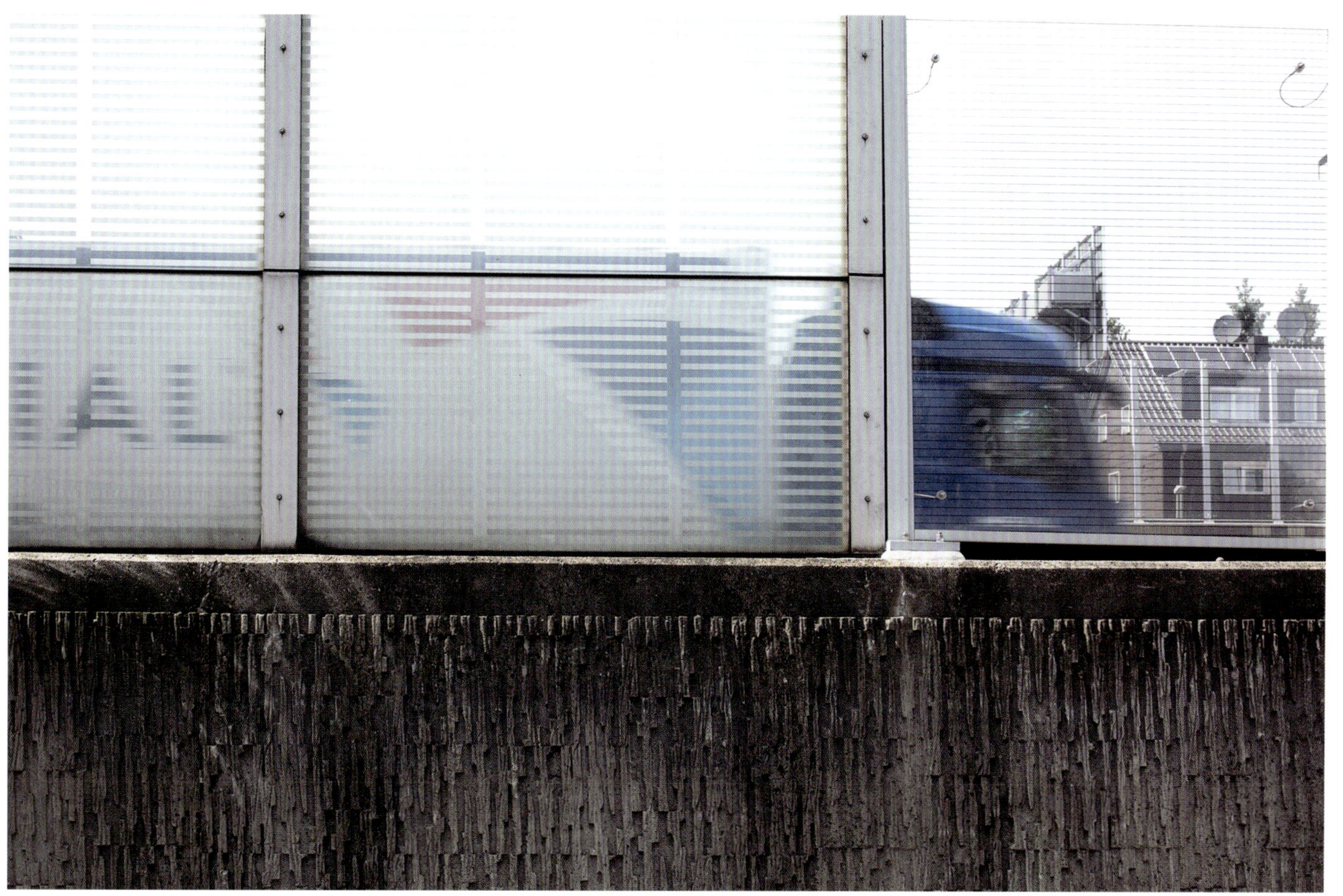

Louisa Boeszoermeny

A 40

Jakob Ganslmeier

Lovely Planet: Bochum
Ein Reiseführer an der Grenze zur Realität
A Travel Guide on the Edge of Reality

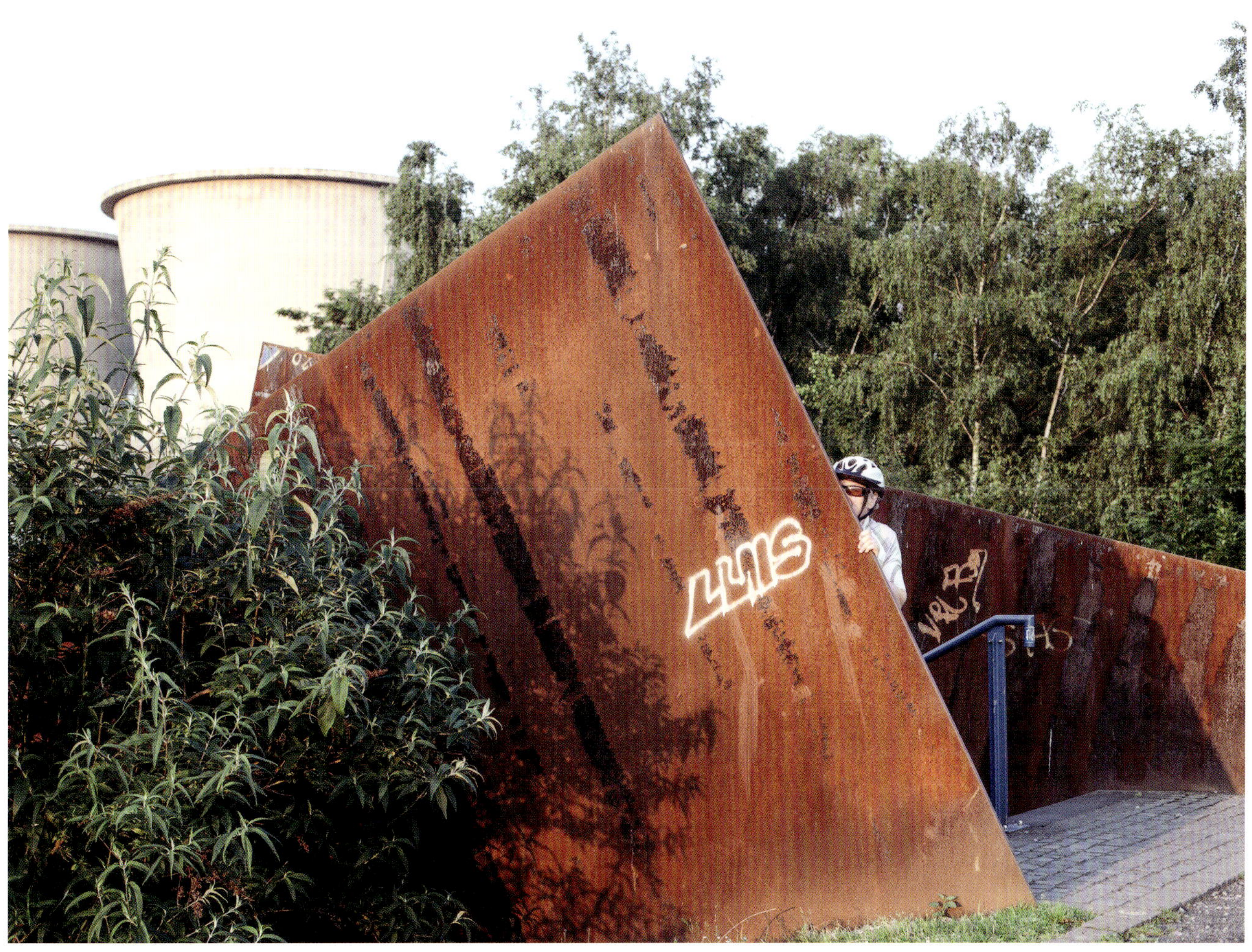

Die Stahlindustrie und Kohlegruben sind in Bochum bis auf wenige Reste und museale Artefakte Vergangenheit. Was früher Lohn und Brot brachte – und in erheblichem Maß auch die Umwelt verschmutzte – dient heute dem Vergnügen. Entdecken Sie auf ehemaligen Industriestraßen auf unvergleichbare Art und Weise ein 700 Kilometer langes Radwegenetz. Der Pott ist grüner und landschaftlich schöner, als man denkt.

With the exception of a few remnants and museum artefacts, Bochum's steel industry and coal mines now belong to the past. Sites which once provided food and income – as well as polluting the environment heavily – are now devoted to pleasure. Follow former industrial routes and discover an incomparable 700 kilometre long network ofcycle paths. The "Pott" is greener and its landscape more beautiful than we've been led to think.

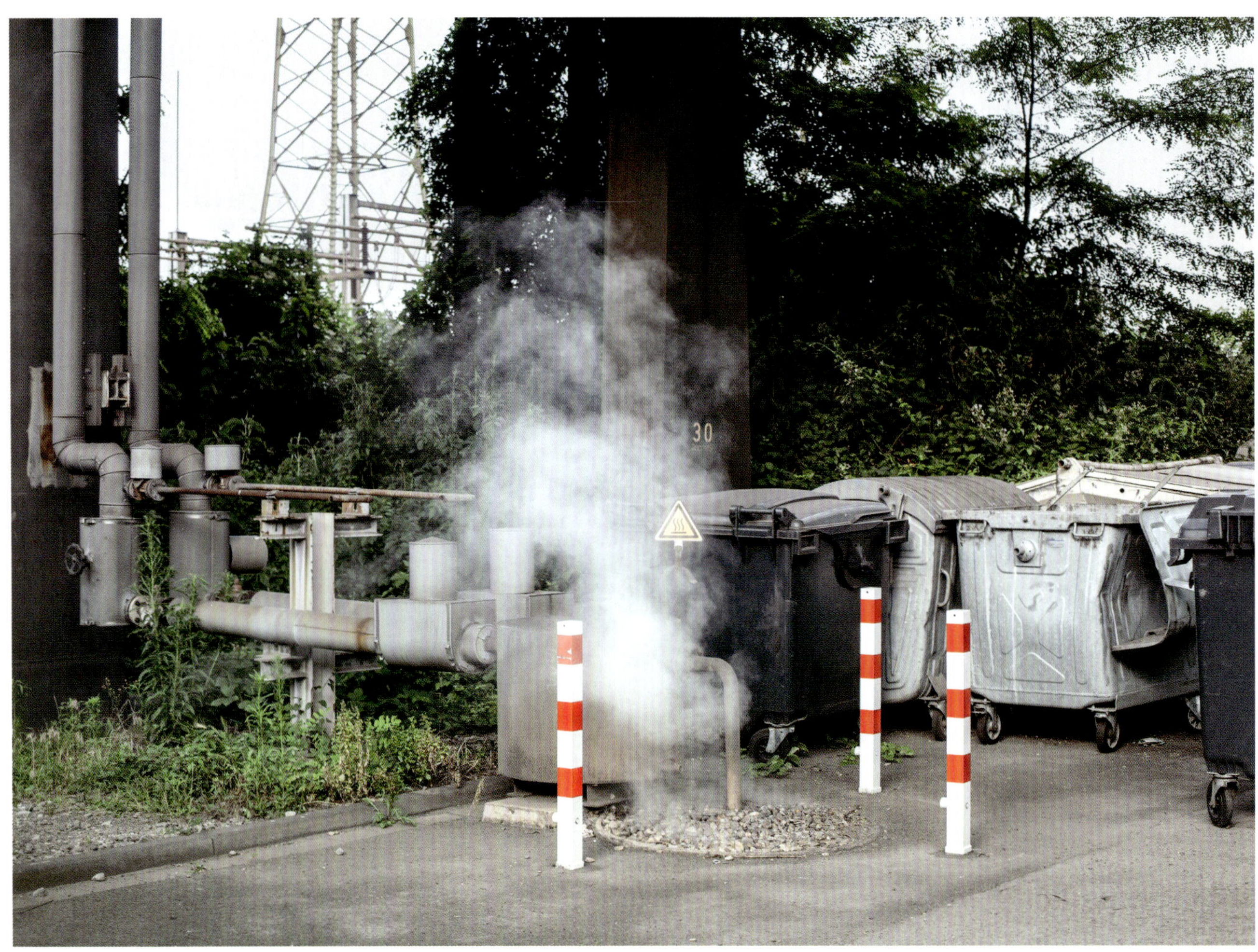

Was im Ruhrgebiet heute noch dampft, hat nichts mehr mit dem Rauch von früher zu tun. Waren es da die Schlote der Stahlwerke, sind es inzwischen nur noch die undichten Rohre von Erdwärmeanlagen oder die Meiler von Heizkraftwerken. Unter der Erde ist bald auch kein Leben mehr. Die letzte Grube schließt im Jahr 2018, das letzte Stahlwerk ist seit Juni 2015 kalt. Auch wenn das Zechensterben schon lange anhält, wird das ein Schlusspunkt in der Geschichte des Ruhrpotts und bei Lokalpatrioten zu Depressionen führen.

Anything steaming in the Ruhr region today has nothing to do with the smoke of the past. Where smoke once poured forth from the chimneys of the steelworks, now the only sources of steam are leaky pipes from geothermal energy plants or piles at power stations. Life underground will soon cease. The last mine will shut in 2018. The last steelworks closed down in June 2015. Even if the death of mining has been going on for some time, this will mark the end of one phase of the Ruhr's history and cause depression among many of the region's supporters.

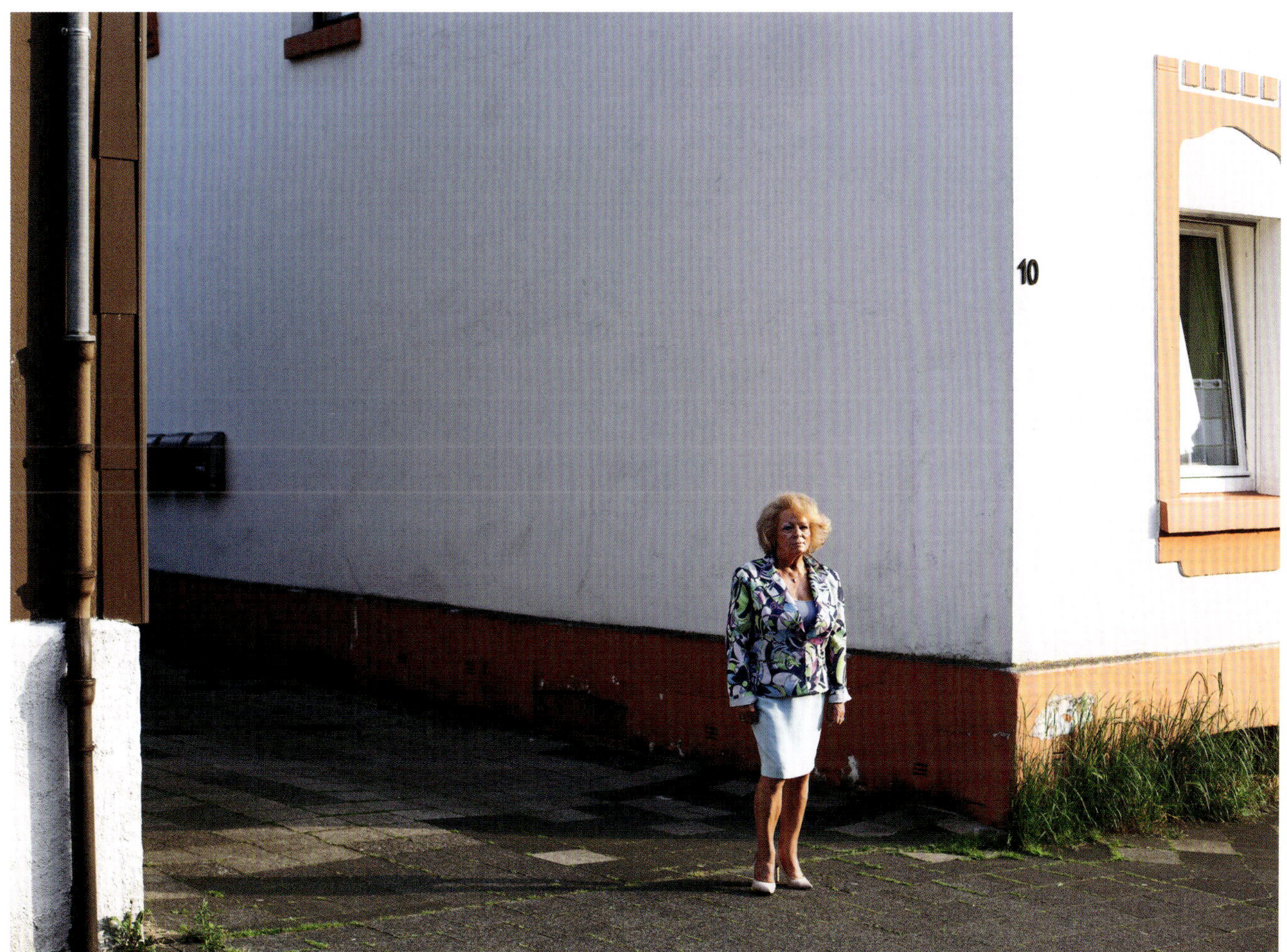

Jakob Ganslmeier

Bochum hat seine ganz eigene Mode entwickelt. Im Gegensatz zu der schlichten Architektur dominieren am Leib gewagte, farbenfrohe Kombinationen. Bochum ist très chic. Mehrere große Fachmarktcenter decken den stetig wachsenden Bedarf.

Bochum has developed its own fashions. In contrast with the plain local architecture, on the body daring combinations of bright colours dominate. Bochum is très chic. Several large specialized markets cater for the constantly increasing demand.

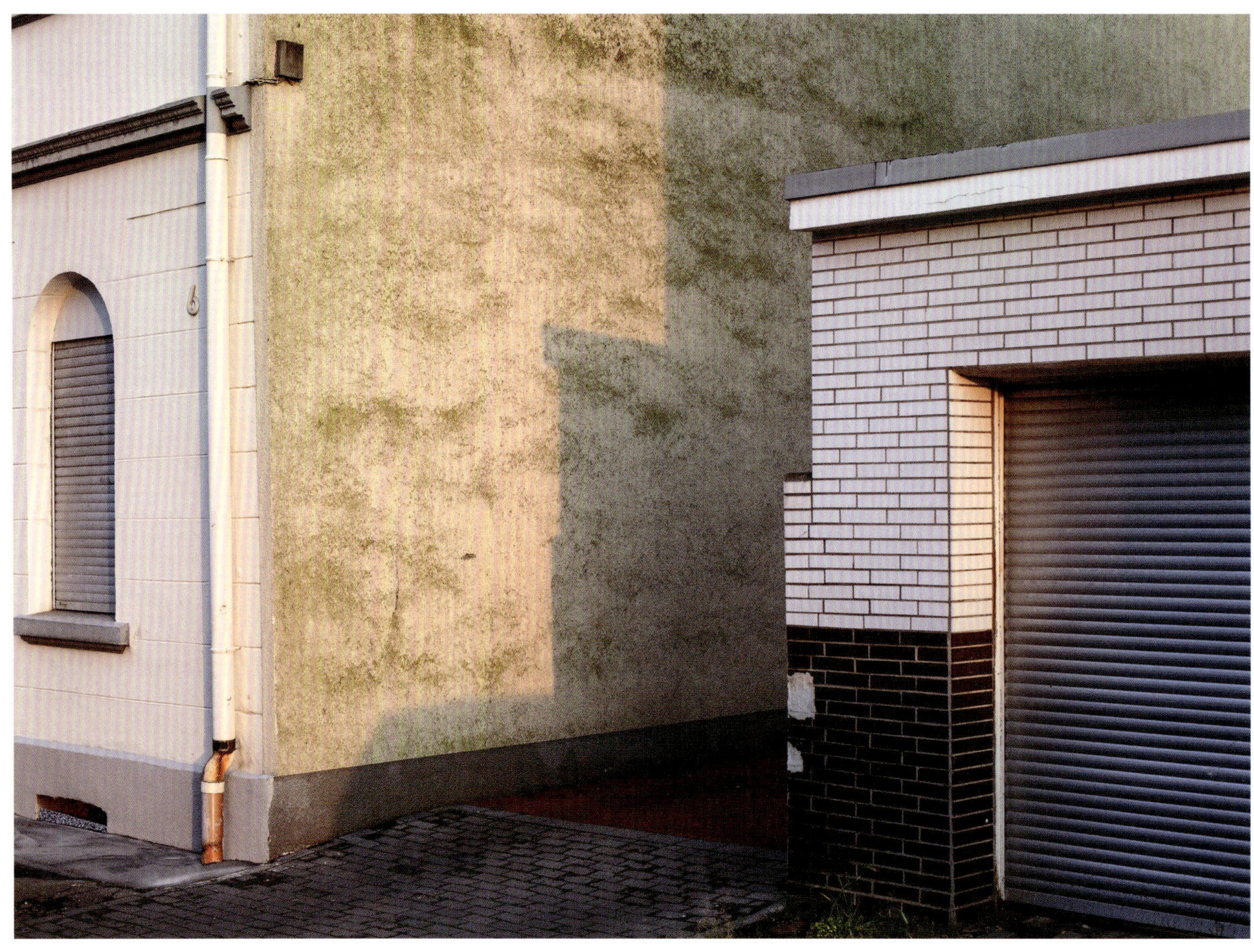

Das Hotel zu Wattenscheid verbirgt seine zeitlose Eleganz hinter einer schlichten Rauputzfassade. Innen erwartet Sie erstklassiger Service und ein reichhaltiges Frühstück mit regionalen und internationalen Spezialitäten. Das beständig hohe Dienstleistungsniveau spiegelt sich in Höchstbewertungen internationaler Führer wider. Auch im Internetportal TripAdvisor verleihen die Besucher dem Haus Höchstnoten.

The Hotel zu Wattenscheid conceals its timeless elegance behind a plain roughcast facade. Once inside you will be greeted by top class service and a substantial breakfast featuring both regional and international delicacies. Top marks in the leading international guides are reflections of the consistently high levels of service. Guests also give the hotel the highest ratings on internet portal TripAdvisor.

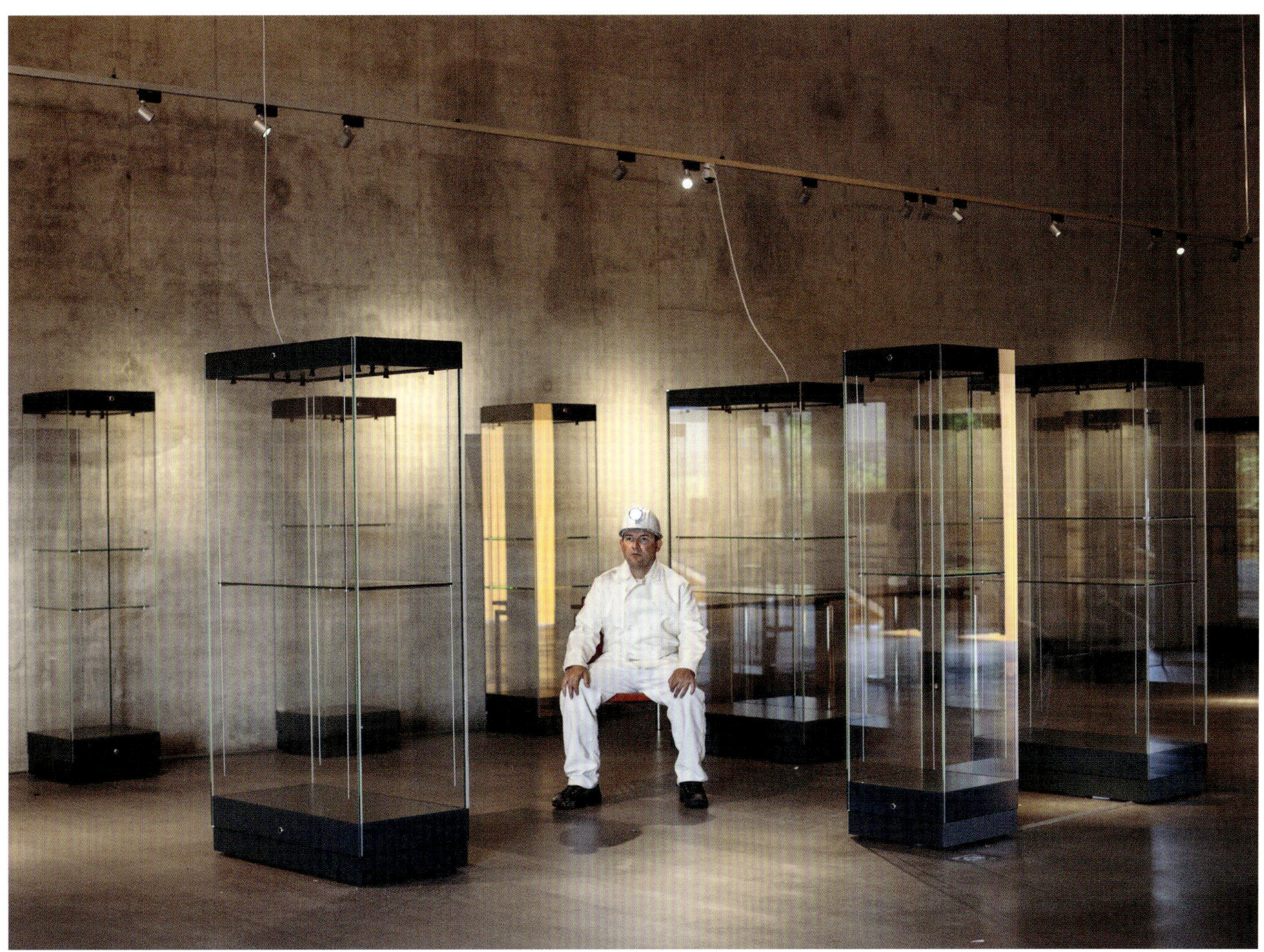

Jakob Ganslmeier

An die Geschichte der Kohleförderung erinnert das Deutsche Bergbau-Museum in Bochum. Ehemalige Kumpel führen durch mehrere Jahrhunderte Industriekultur – in ihrer alten Arbeitskleidung, um Authentizität zu vermitteln. Zahlreiche Ausstellungsgegenstände zeugen vom harten und entbehrungsreichen Leben der Arbeiter und ihrer Familien. Um einen noch besseren Eindruck zu geben, wird derzeit das Museum nach und nach saniert. Ein Besuch lohnt sich!

The history of coal mining is commemorated by the Deutsches Bergbau-Museum in Bochum. Former miners guide you through many centuries of industrial heritage – wearing their old work clothes to convey authenticity. A wealth of exhibits bear testimony to the difficulty and deprivation of the lives of the workers and their families. The museum is currently being renovated in order to be able to make an ever stronger impression. Well worth a visit!

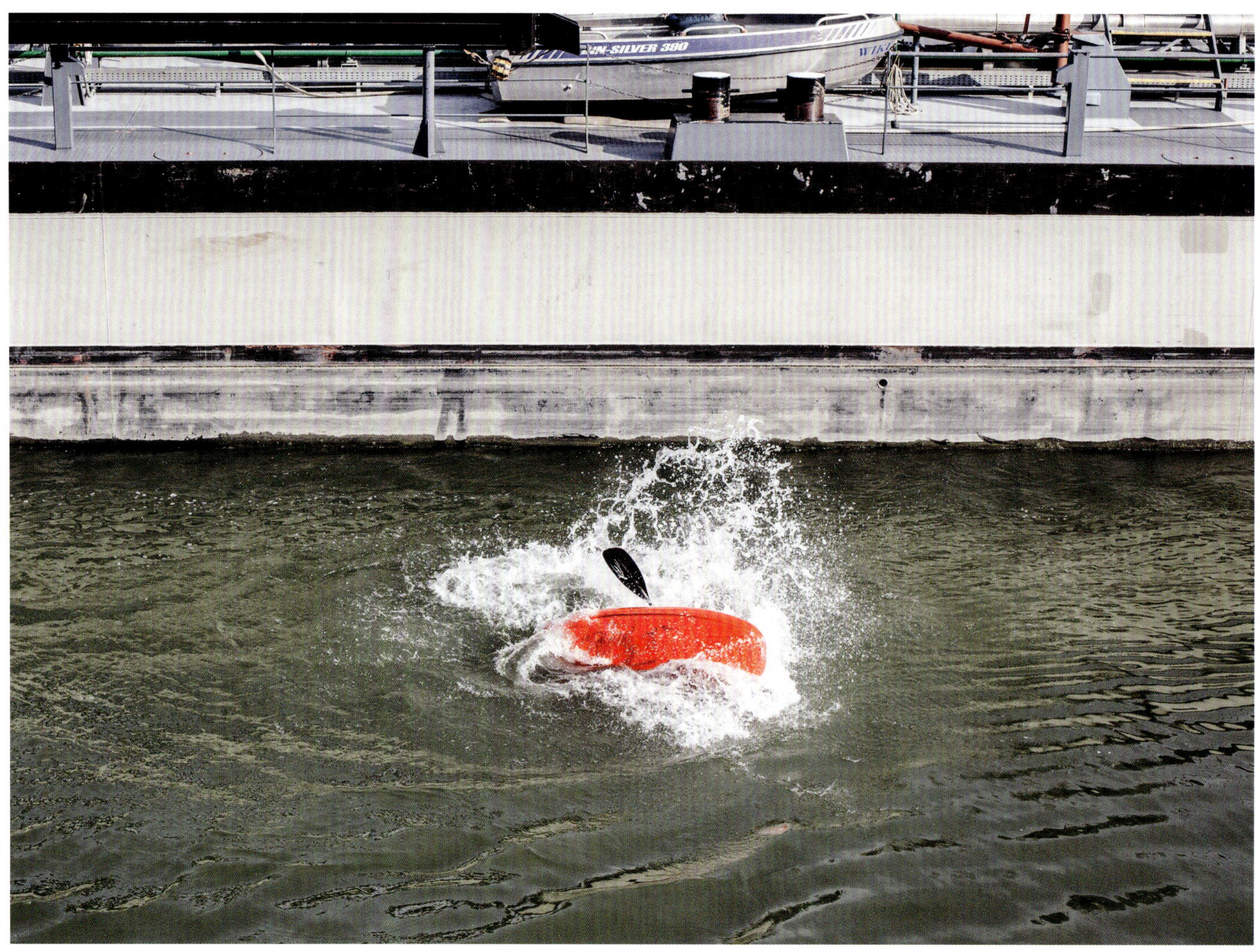

Zu Zeiten der Industrialisierung waren die Flüsse im Ruhrgebiet Kloaken. Ihr Gestank vermengte sich mit dem Rauch der Schlote zu gelblicher, ätzender Luft. Nach der Renaturierung ist jetzt nicht nur freies Atmen möglich. Was noch vor nicht allzu langer Zeit unvorstellbar war, taugt nun zur Kajak-Akrobatik, die ohne Gefahr für die Gesundheit ausgeübt werden kann.

In industrial times the rivers of the Ruhr region were vast sewers. The stench of them mingled with smoke from the chimneys in a yellow and corrosive air. Since these waterways have been reclaimed and cleaned up, it's possible to do a lot more than breathe easily. Not long ago it was inconceivable that anyone could carry out such acrobatic kayak manoeuvres without a serious risk to their health.

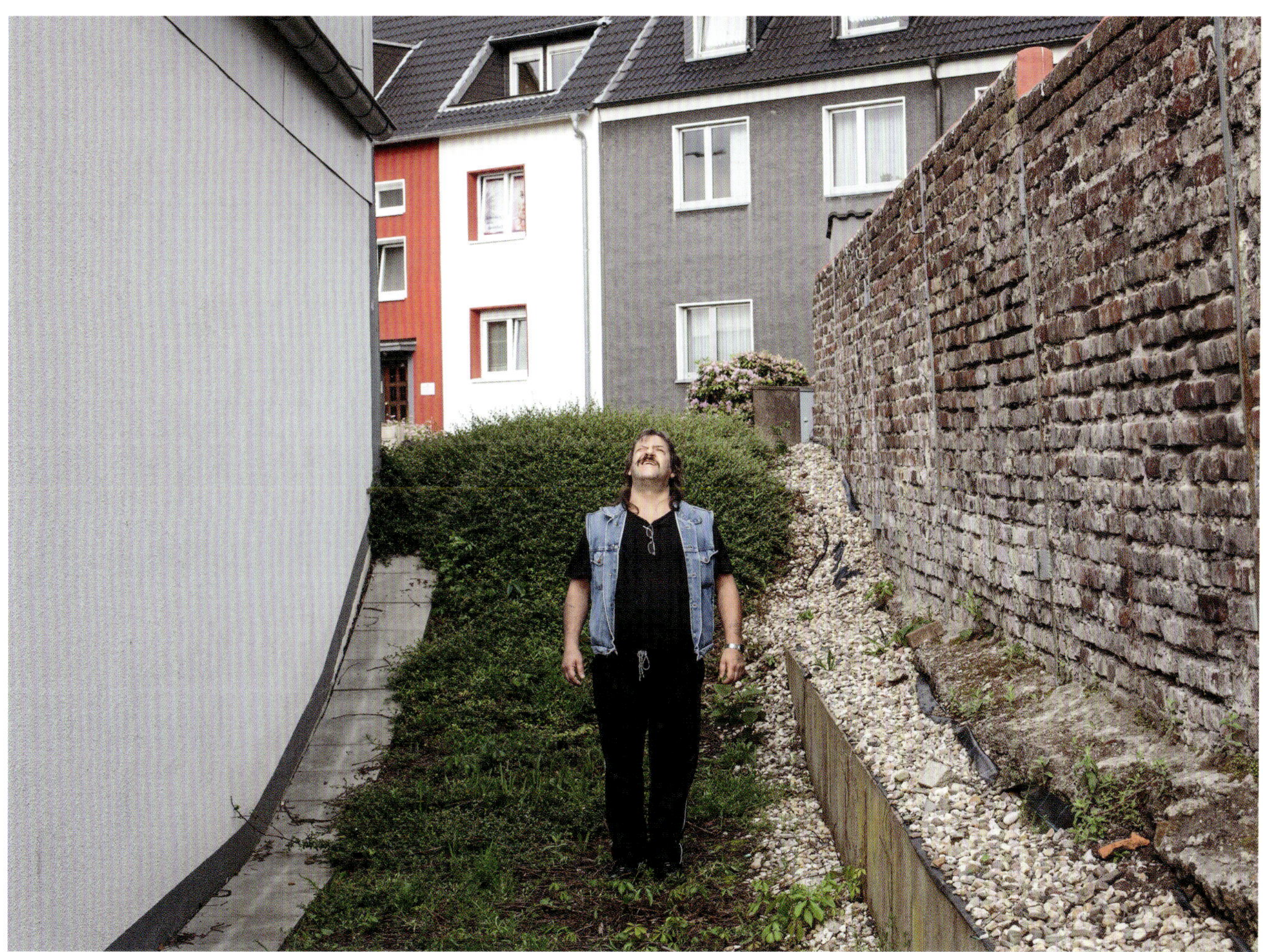

Jakob Ganslmeier

Es gibt sie noch, die Bochumer Originale: Die Ehrlichkeit und Offenheit des Menschenschlages, der die Region besiedelt, ist längst sprichwörtlich. Eine freche Klappe, die Fremde im ersten Moment als unangenehm empfinden, die aber doch so herzlich wie humorvoll ist, zeichnet die Bochumer aus. Jemand, der hier geboren und aufgewachsen ist, den schleppen keine zehn Pferde aus der Stadt. Hier ist Heimat.

They're still here: genuine Bochum originals. The honesty and openness of the people living in this part of the region is legendary. Their cheeky turn of phrase might put off newcomers at first, but Bochumers are as warm as they are witty. Wild horses won't get anyone who has been born and raised in this town to leave. This place is home.

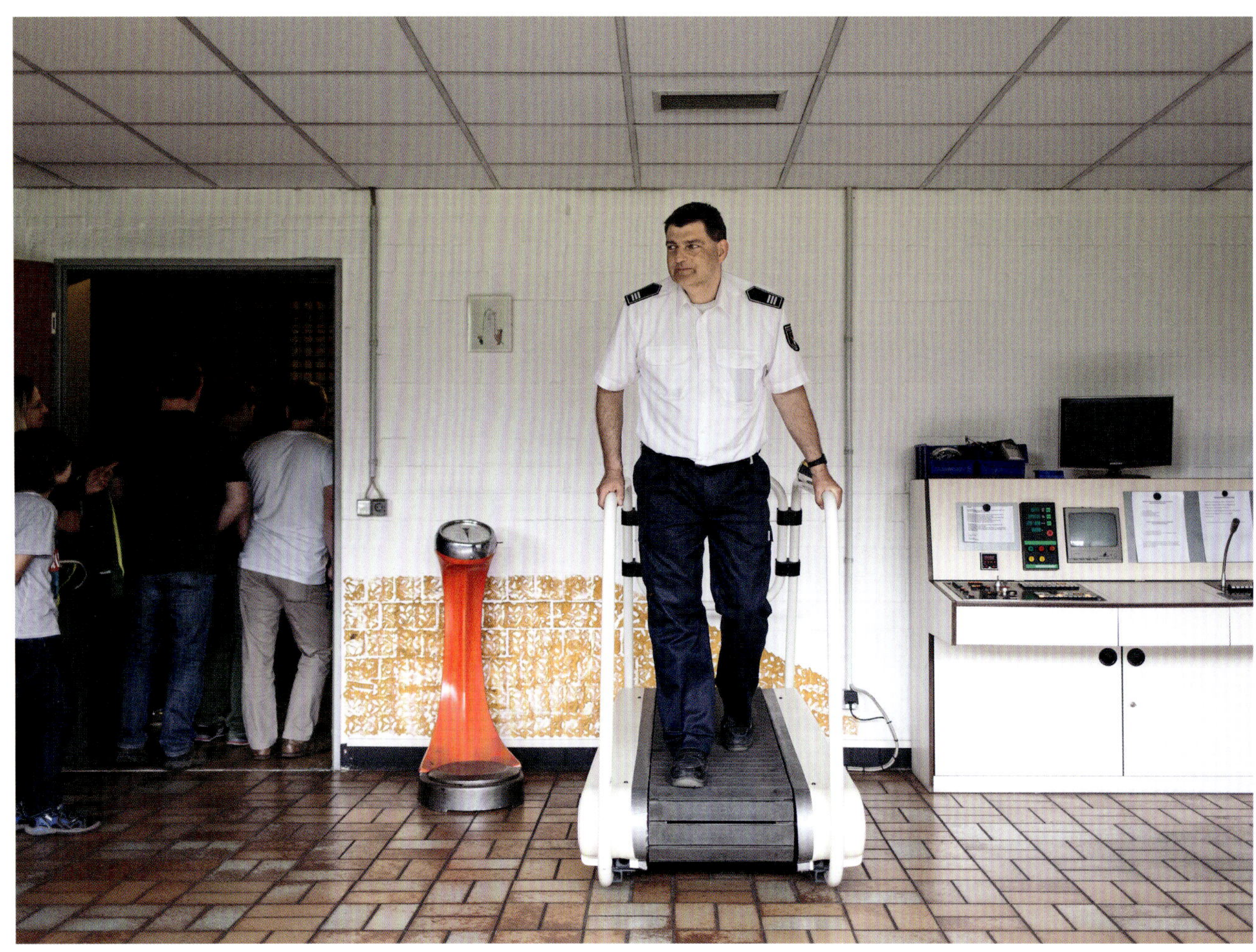

Auf ihn ist Verlass, wenn's mal brennt. Die Bochumer Feuerwehr zählt zu den besten der Republik. Mit modernsten Geräten schult sie ihre Mitarbeiter und hält sie bei guter Gesundheit. Sie kennt sich über und unter Tage aus, was mit der Vergangenheit etlicher ihrer Mitglieder zu tun hat: Sie waren früher Kumpels, die im öffentlichen Dienst untergeschlüpft sind.

You can rely on them in an emergency. Bochum's fire department is one of the best in the republic. It uses the most modern machinery to train its personnel and keep them healthy. It operates both above and below ground, maintaining a link with the past of many of its members: as they are exminers who have now since found shelter in the public service.

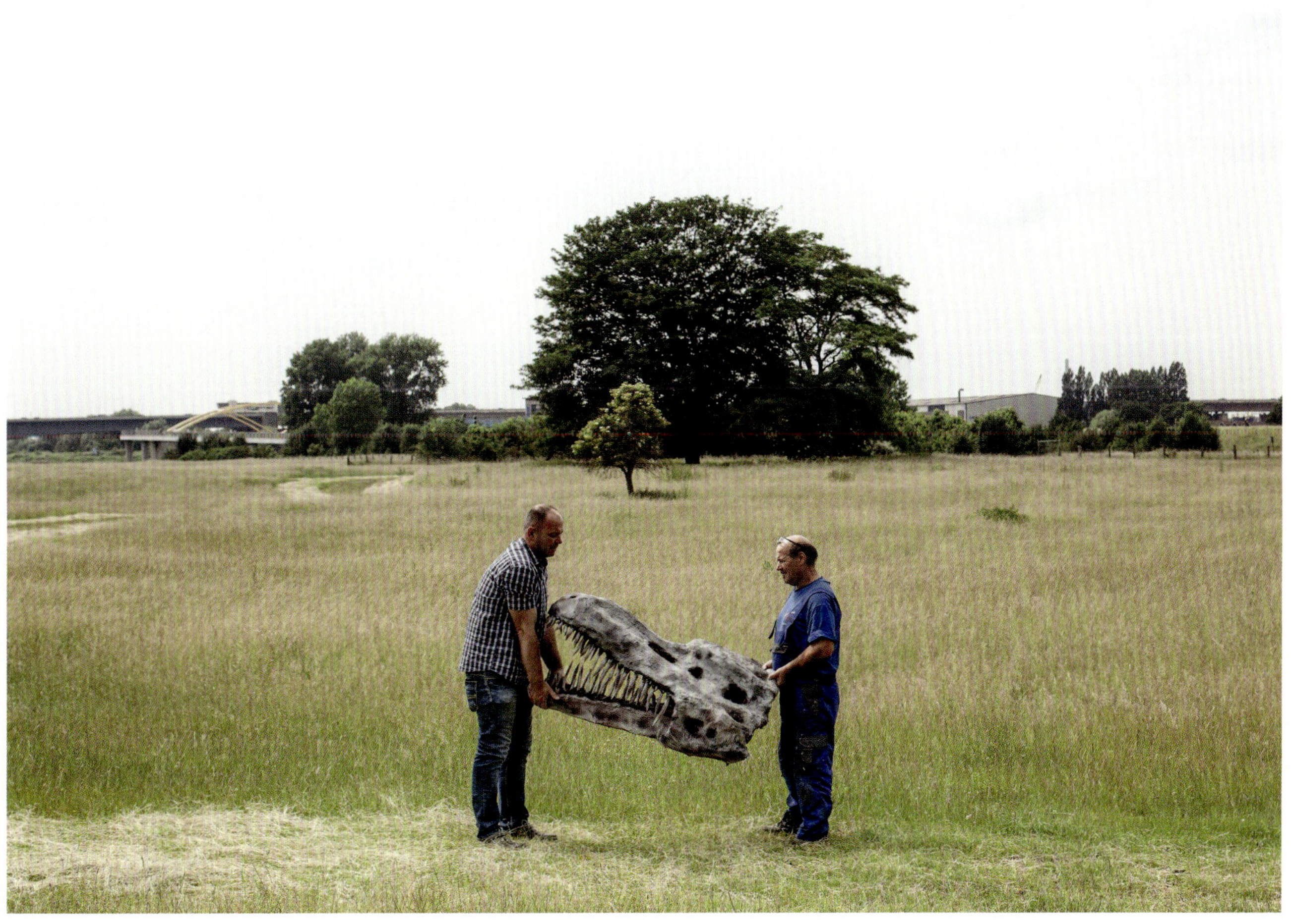

Jakob Ganslmeier

Wer tief genug gräbt, findet in Bochum Erstaunliches. Schon für die Jungsteinzeit lässt sich hier eine menschliche Siedlung nachweisen. Die erste urkundliche Erwähnung datiert aus dem Jahr 890. Leben gab es hier aber schon vorher. Die Überreste des Wesens, das die beiden Arbeiter hier zur letzten Ruhe tragen, wurden angeblich vor einer verfallenen Trinkhalle in Bochum-Nord gefunden. Es trug ein Trikot aus der letzten Bundesligasaison des hier ansässigen VfL am Skelett.

If you dig deep, you'll find extraordinary things in Bochum. There is evidence of a human settlement here from the Neolithic period. It is first mentioned in documents dating from 890. The remains of the creature which these workers are carrying to its final resting place were apparently found outside a run-down off licence in North Bochum. The skeleton was wearing a shirt from last season belonging to the local football team VfL.

Gregor Schmidt

Emscher

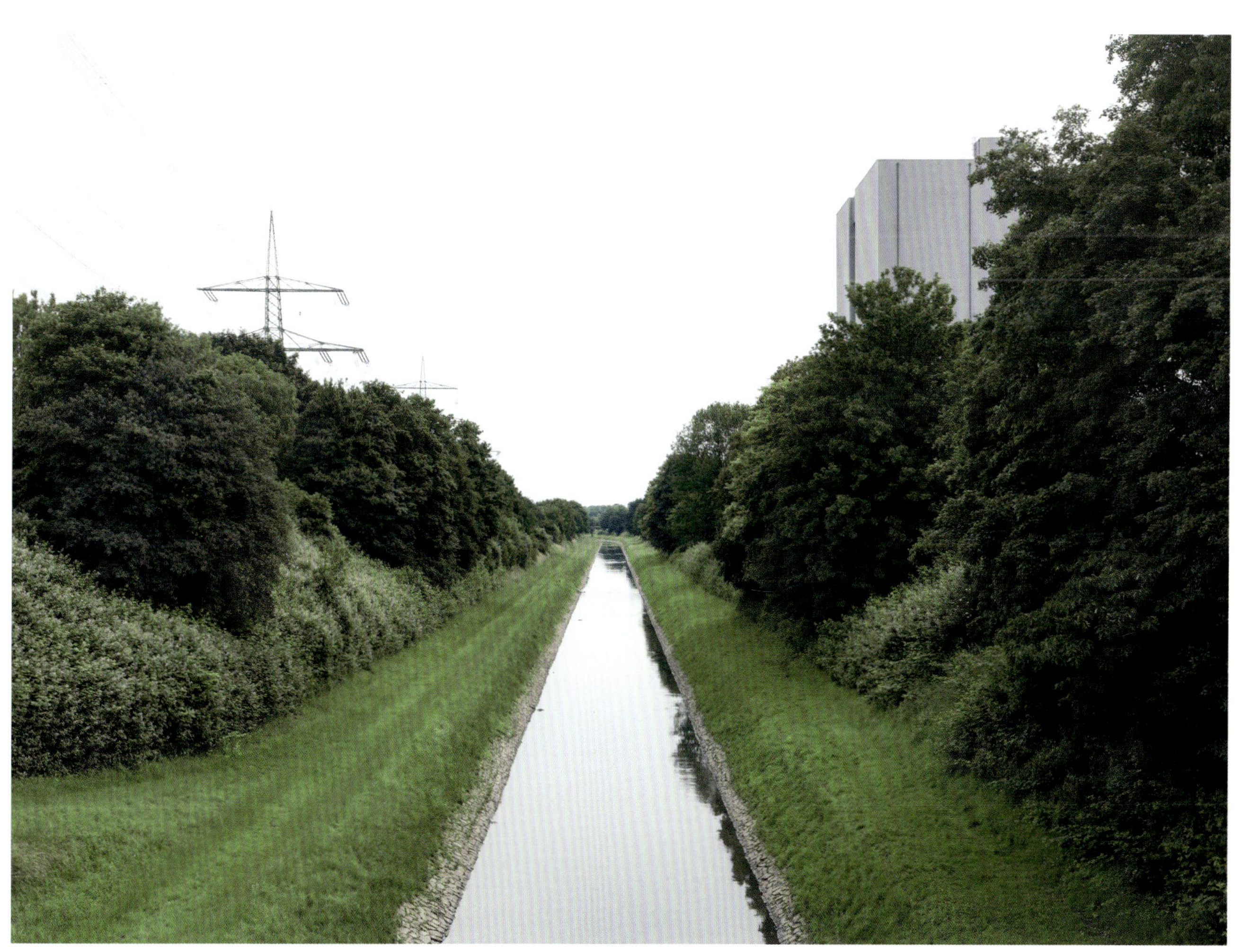

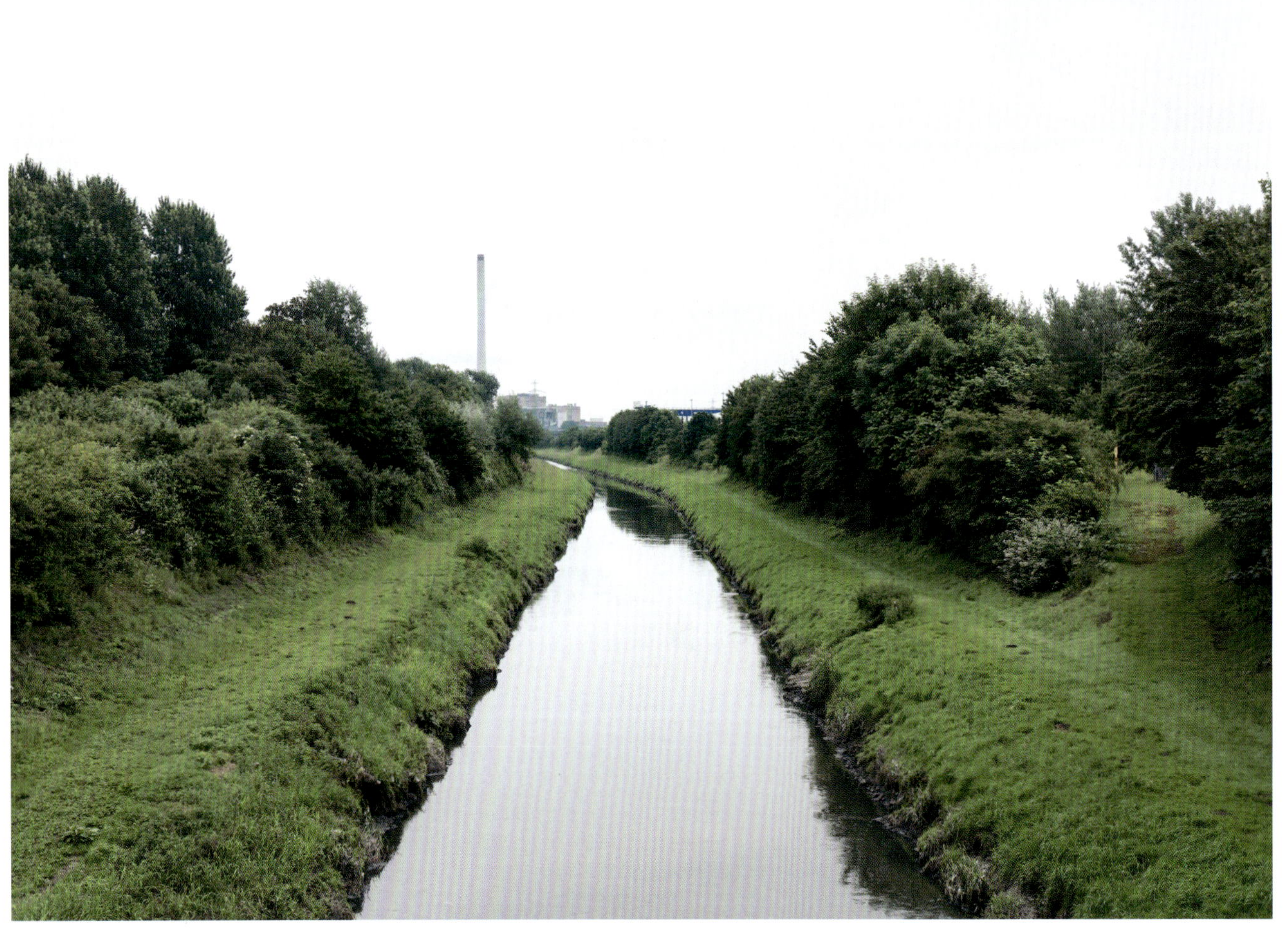

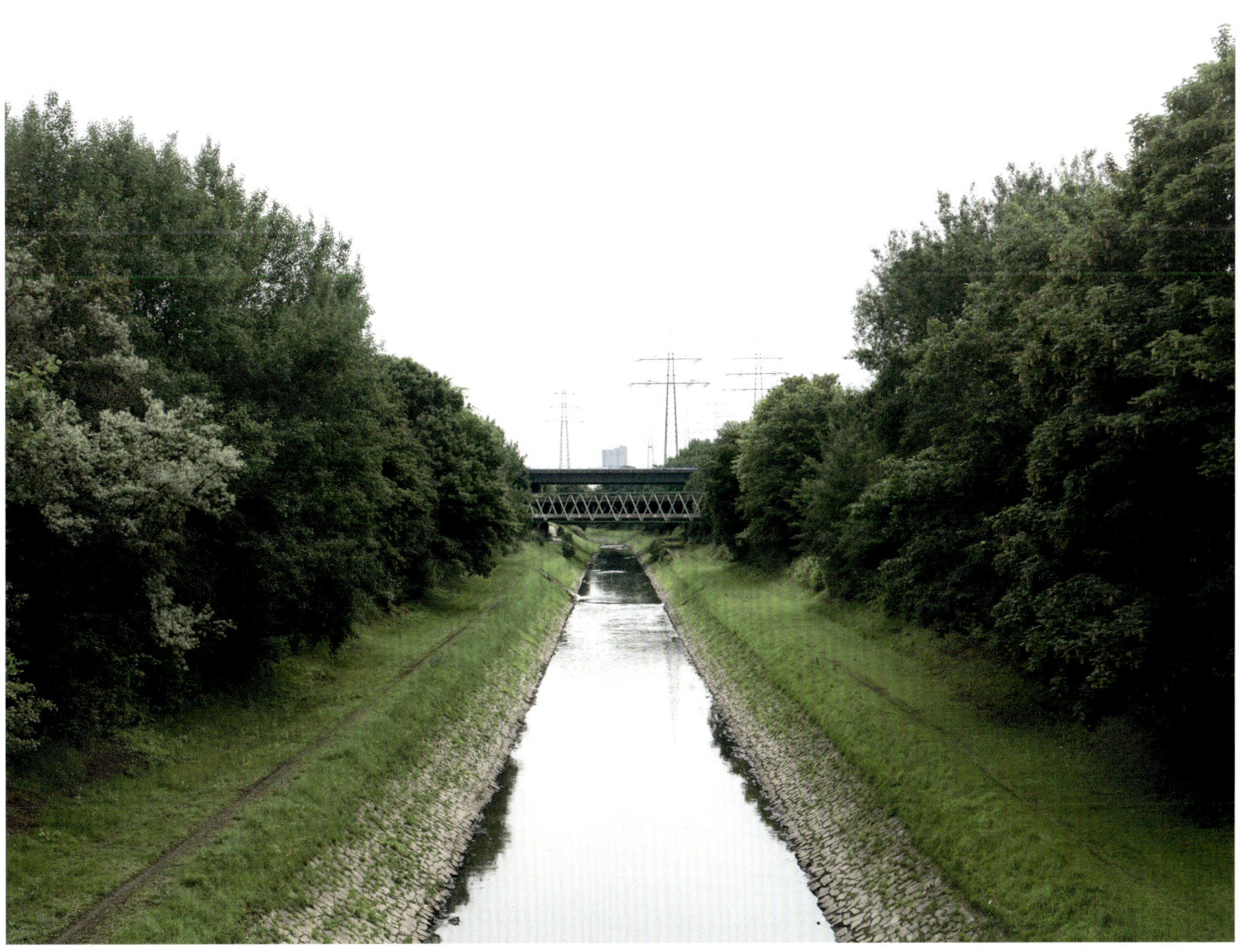

Gregor Schmidt

Emscher

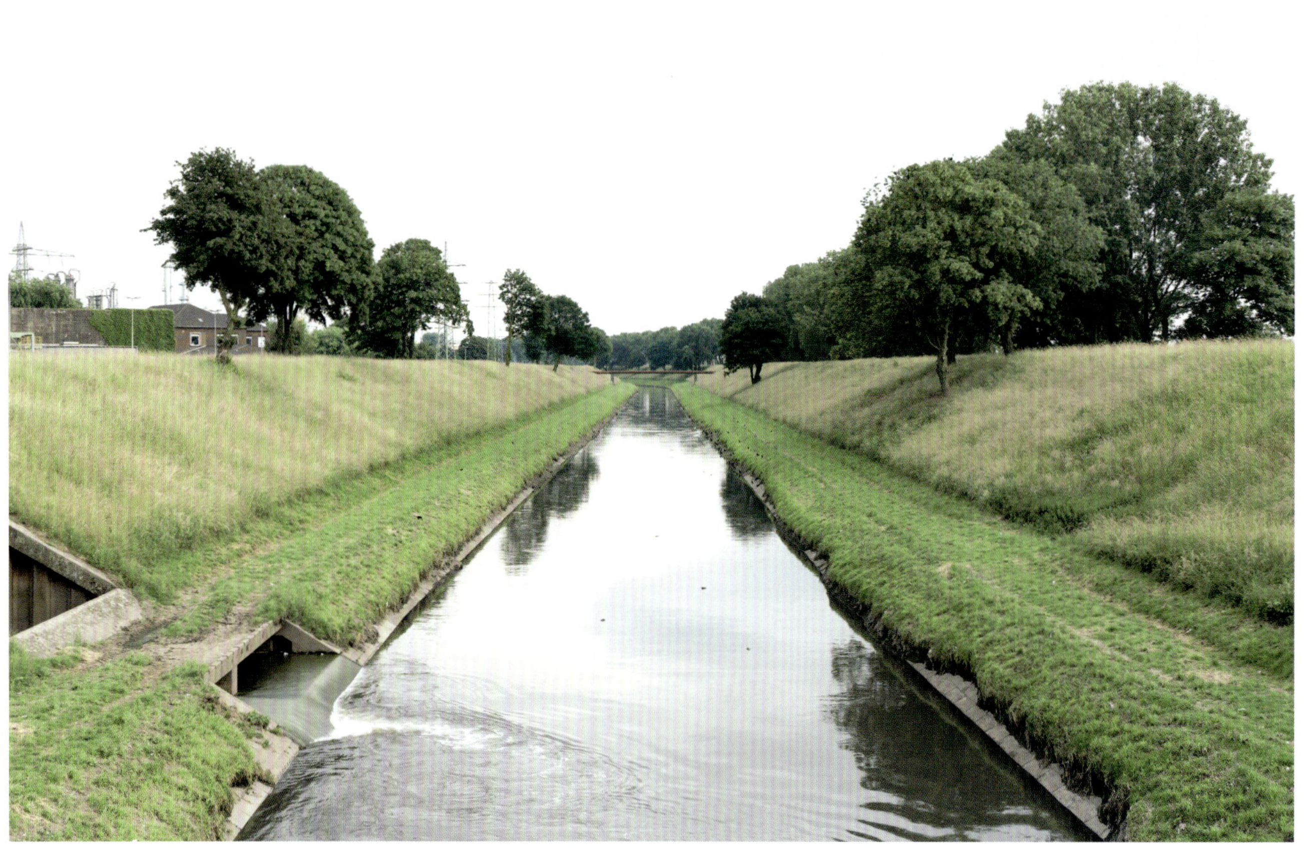

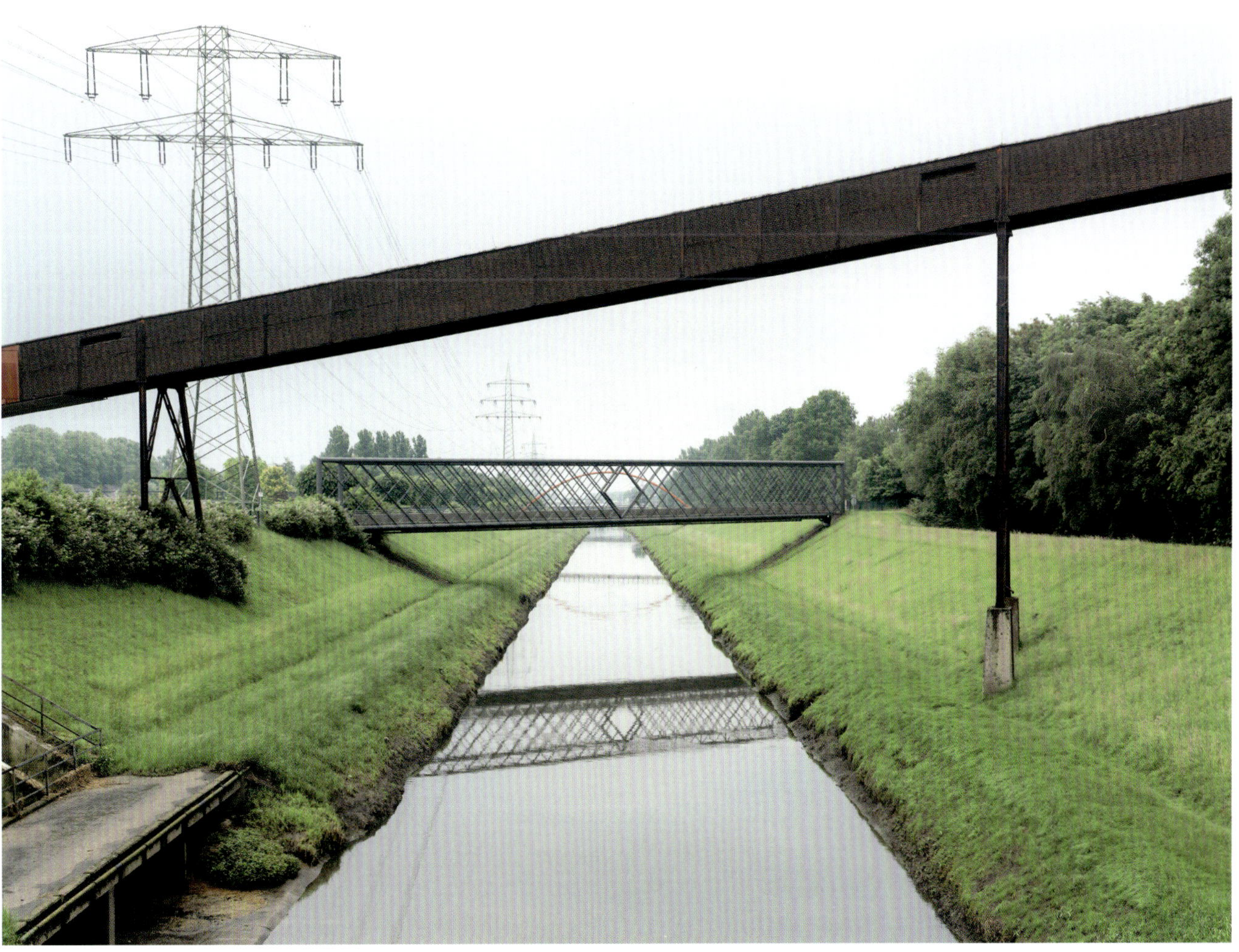

Gregor Schmidt

Emscher

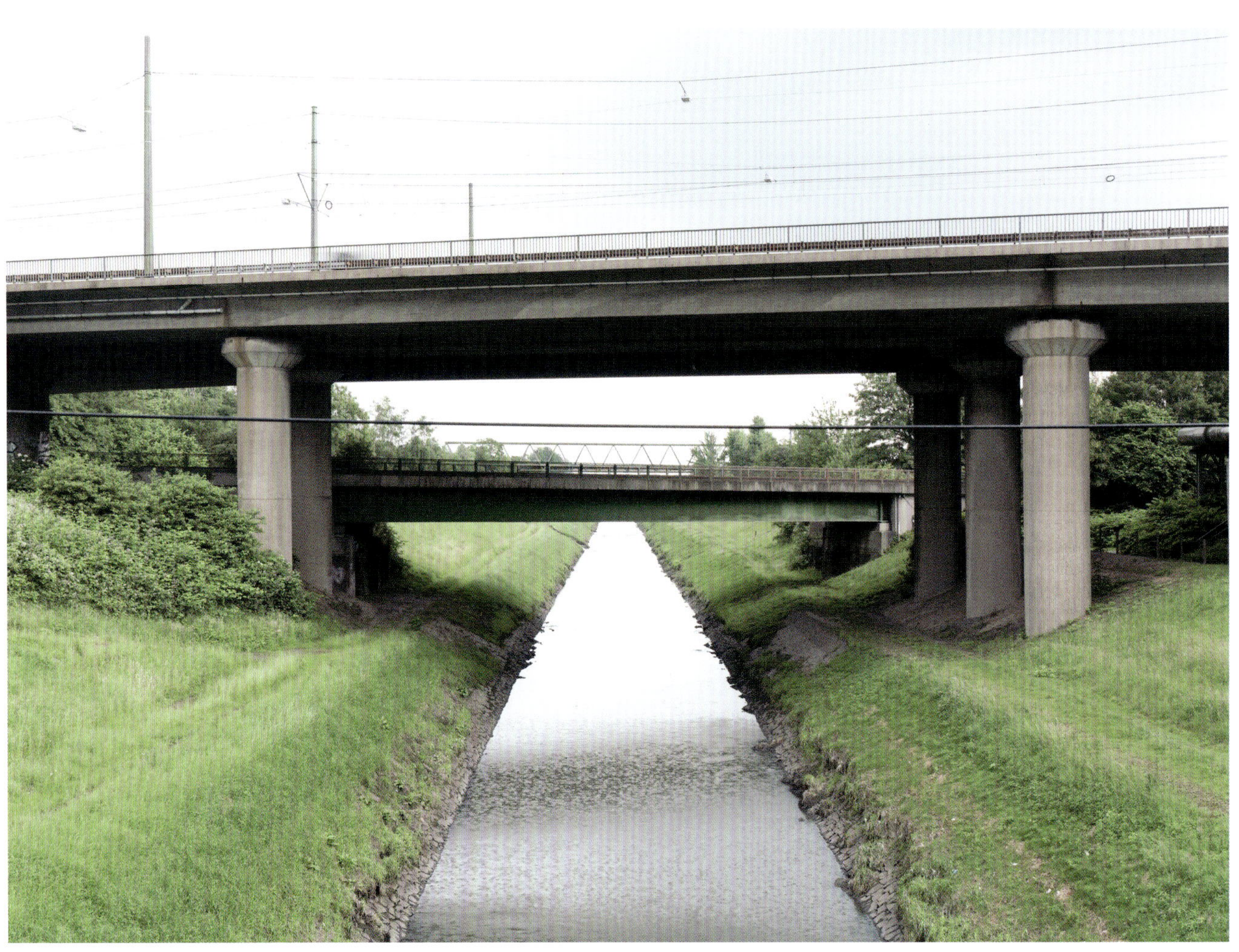

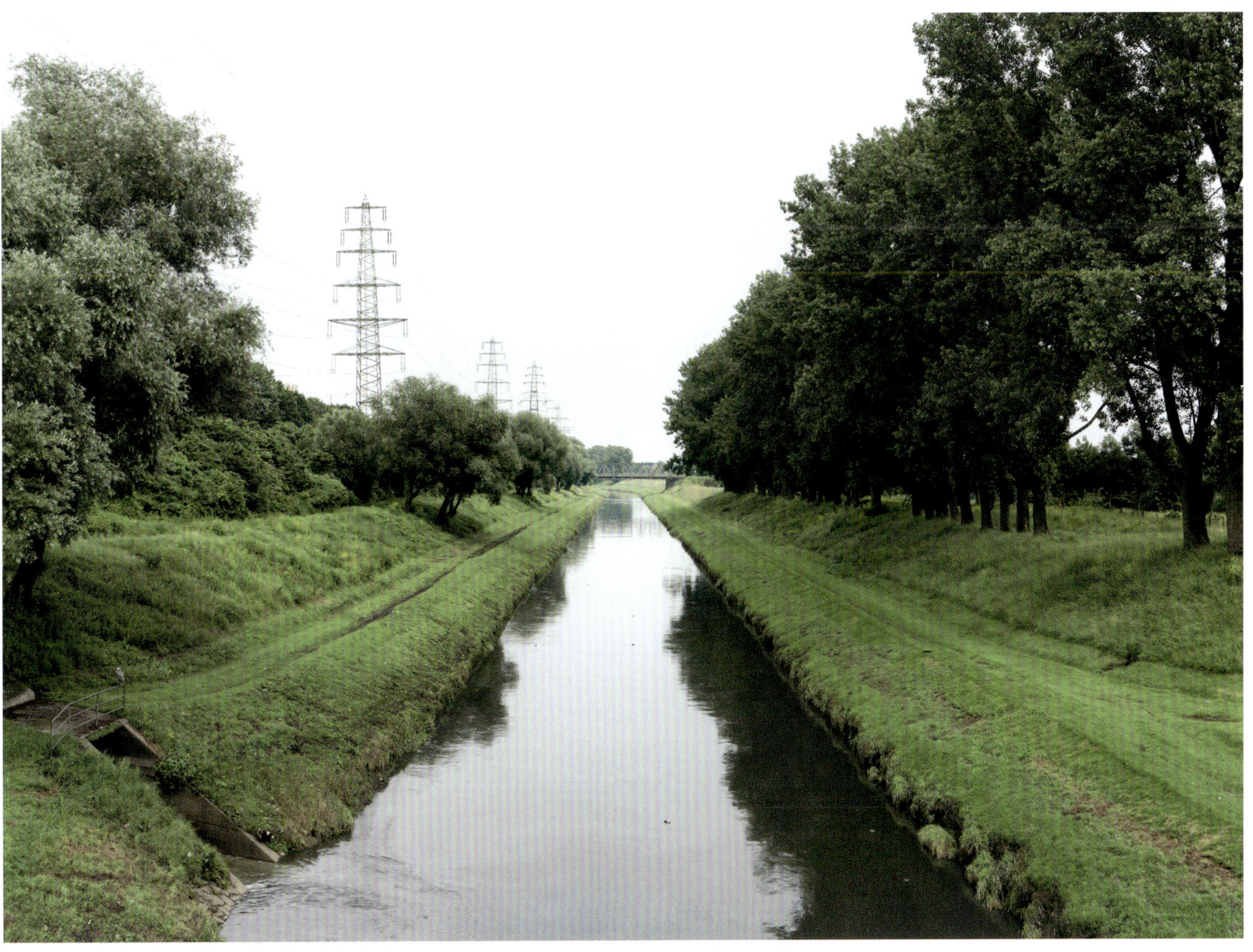

Gregor Schmidt

Emscher

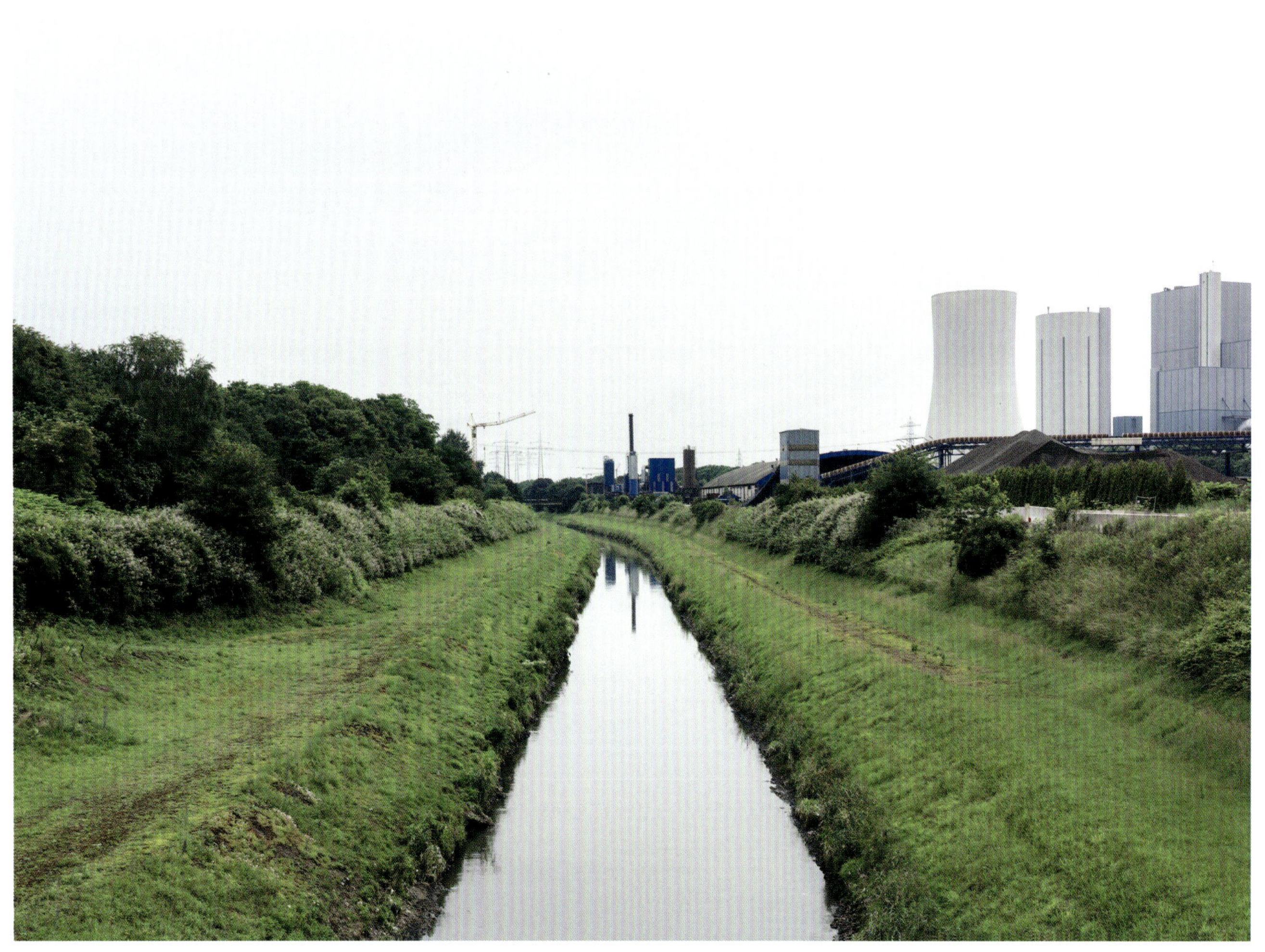

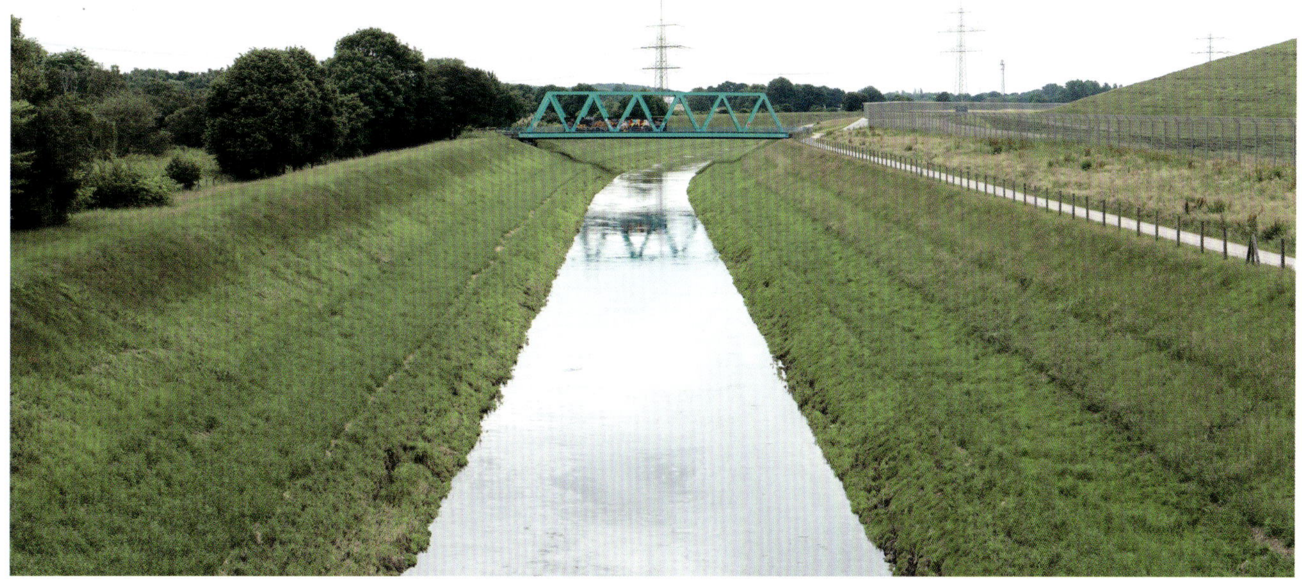

Gregor Schmidt

Julian Slagman

Airplay

„Während so viele Generationen, und besonders die letzte, im Laufschritt der Geschichte gelebt haben, in der euphorischen oder katastrophischen Perspektive einer Revolution – hat man heute den Eindruck, dass die Geschichte sich zurückgezogen hat, einen Nebel der Indifferenz hinter sich zurücklassend, durchquert zwar von Strömen, aber all ihrer Bezüge entleert.“
“While so many generations, particularly the last, have lived through rapid phases of history, through the euphoric or catastrophic perspectives of a revolution – one now has the impression that history has withdrawn, leaving behind it a fog of indifference, which may have currents running through it but is devoid of all connections.”

Jean Baudrillard

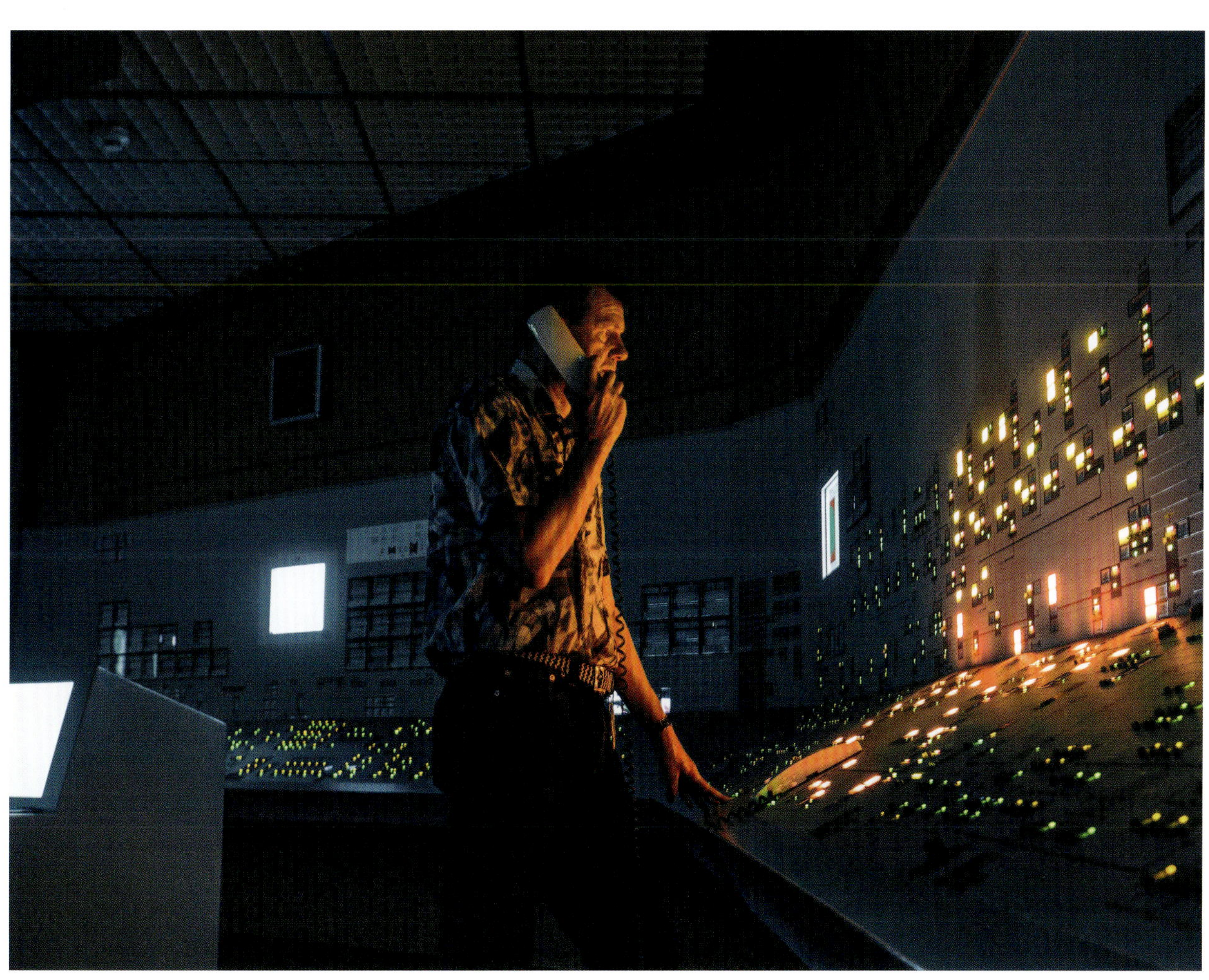

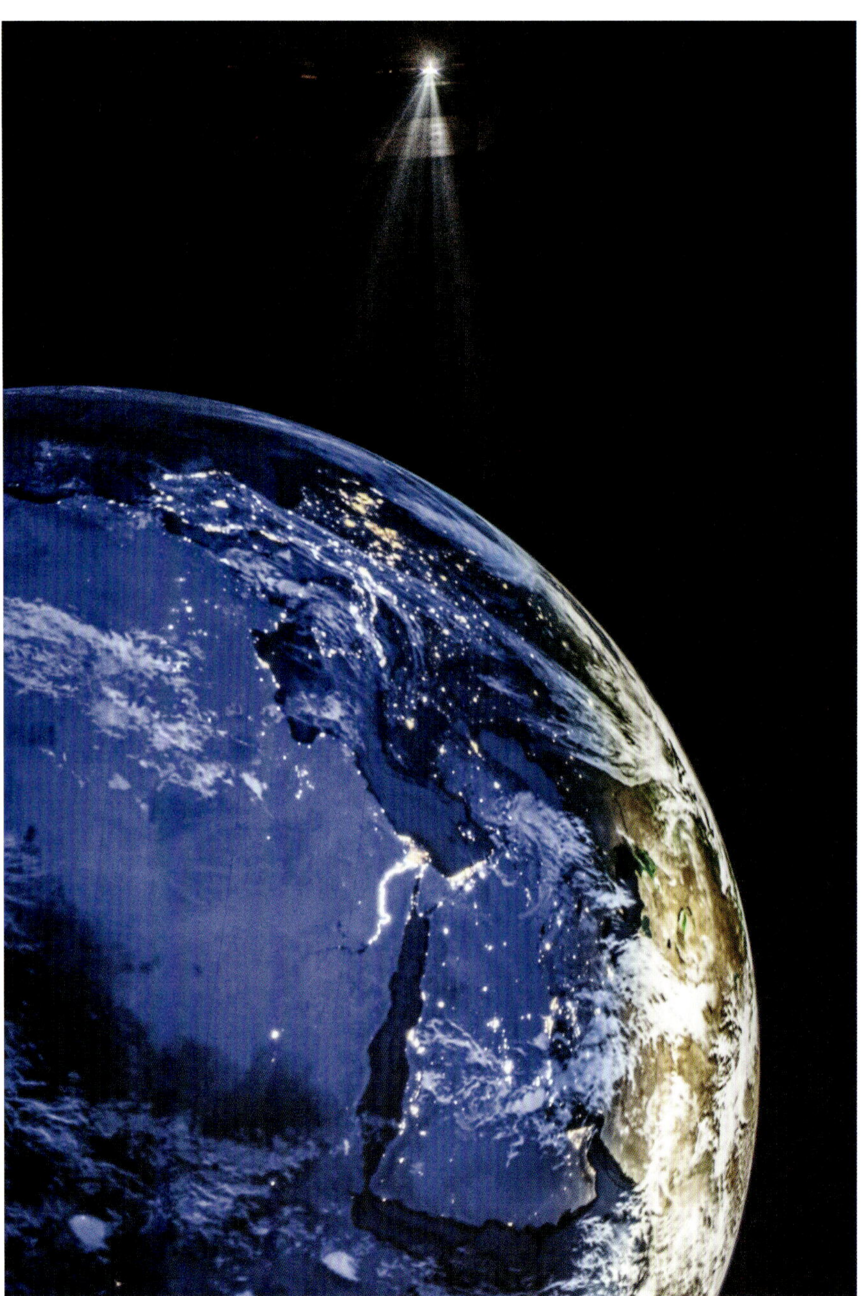

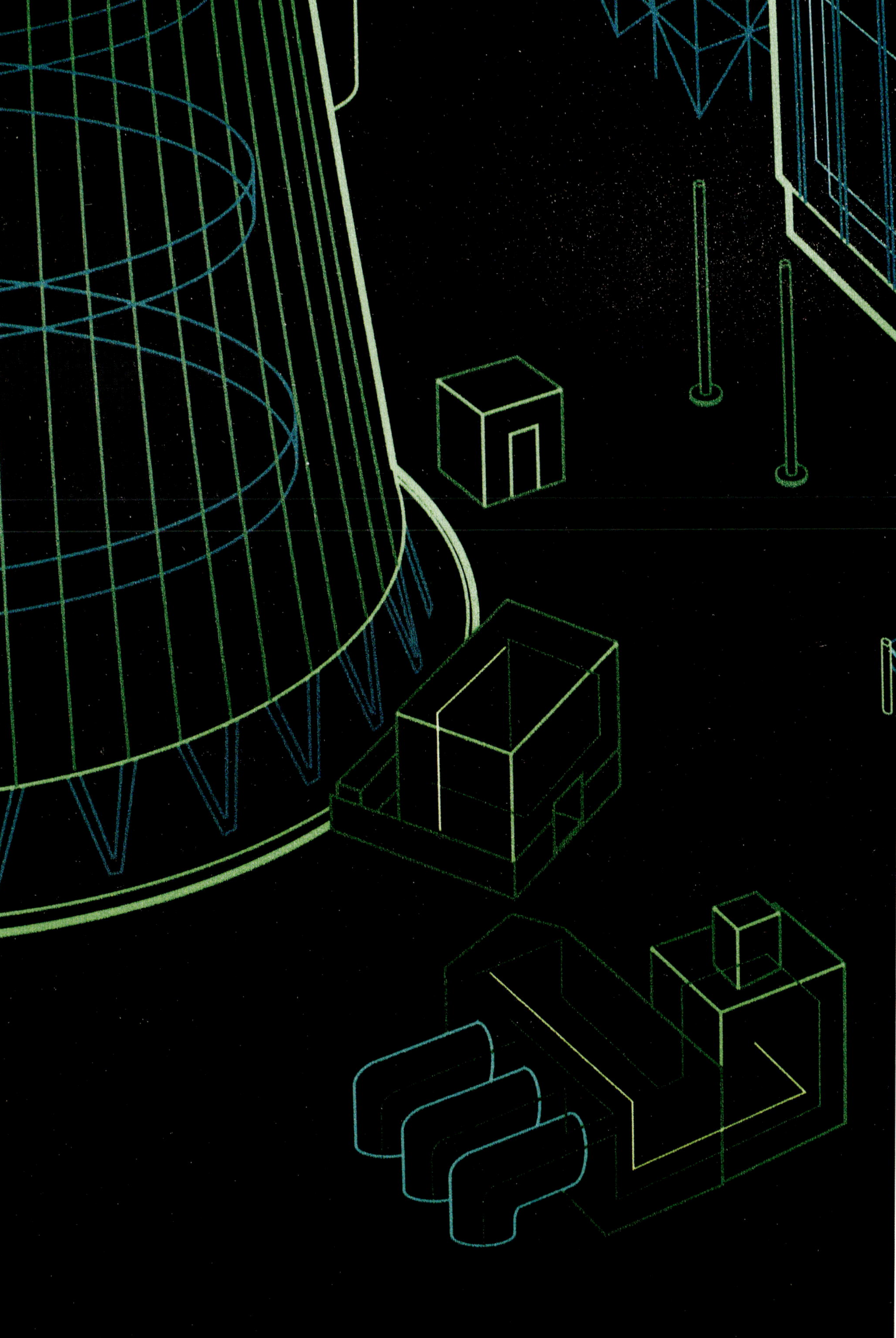

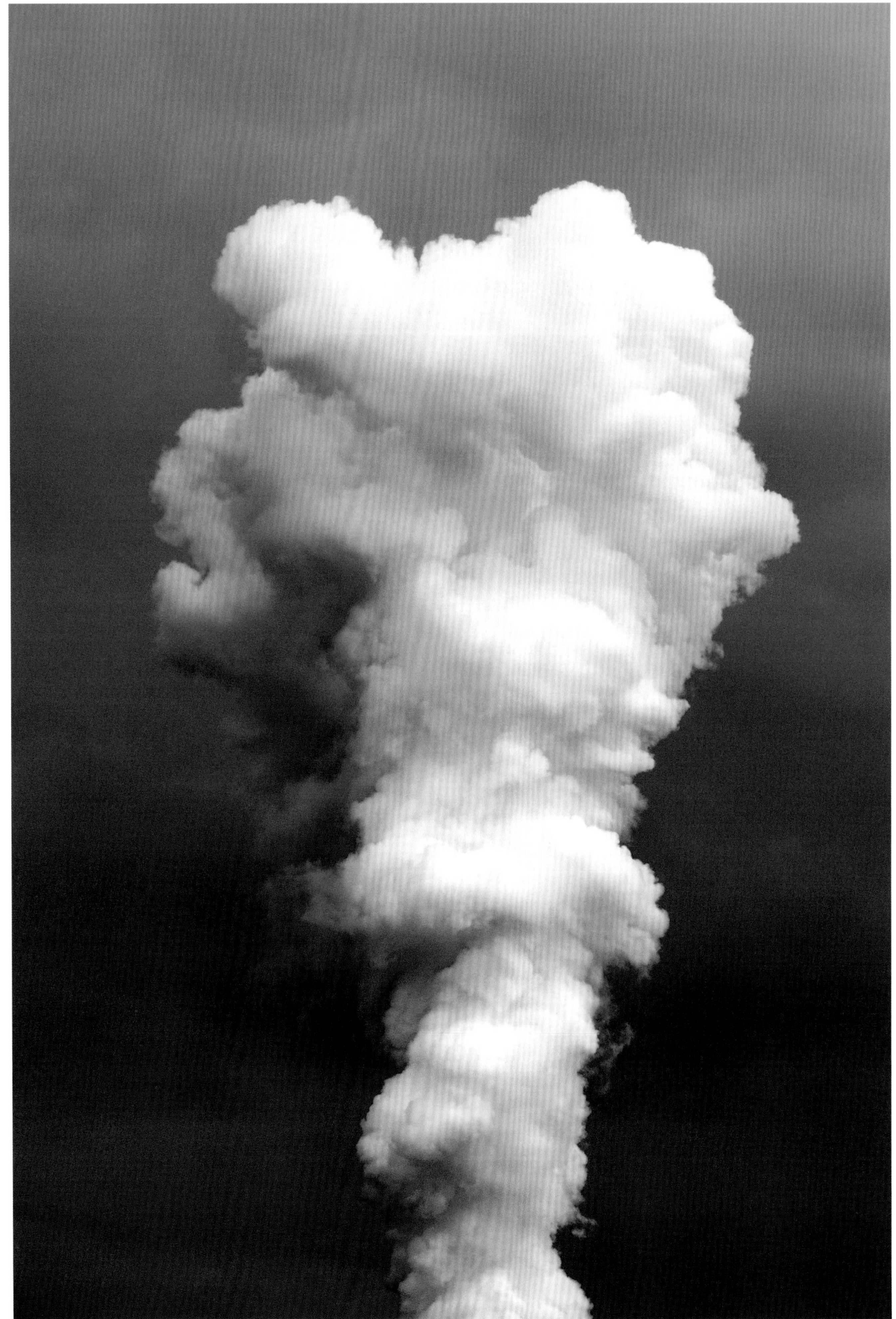

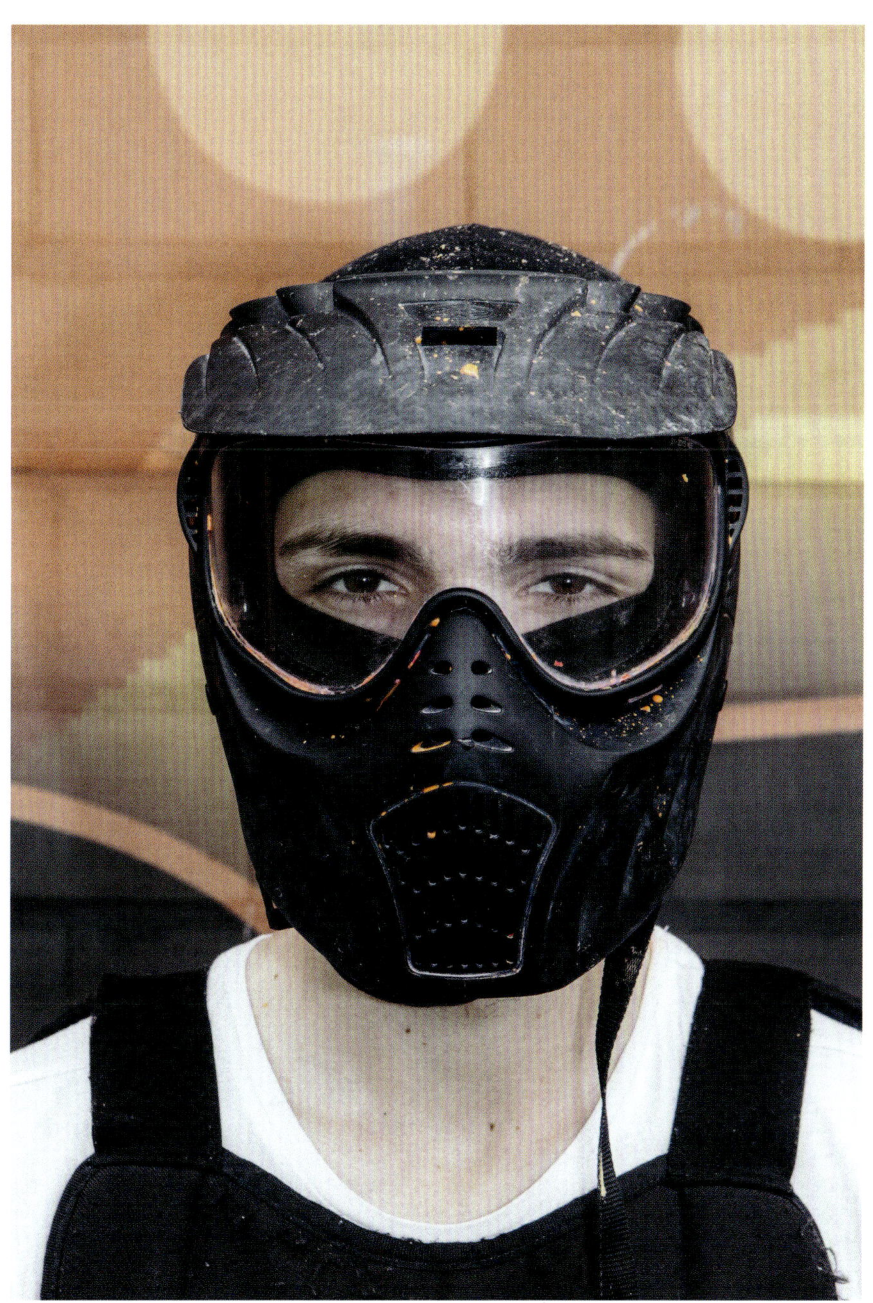

Julian Slagman

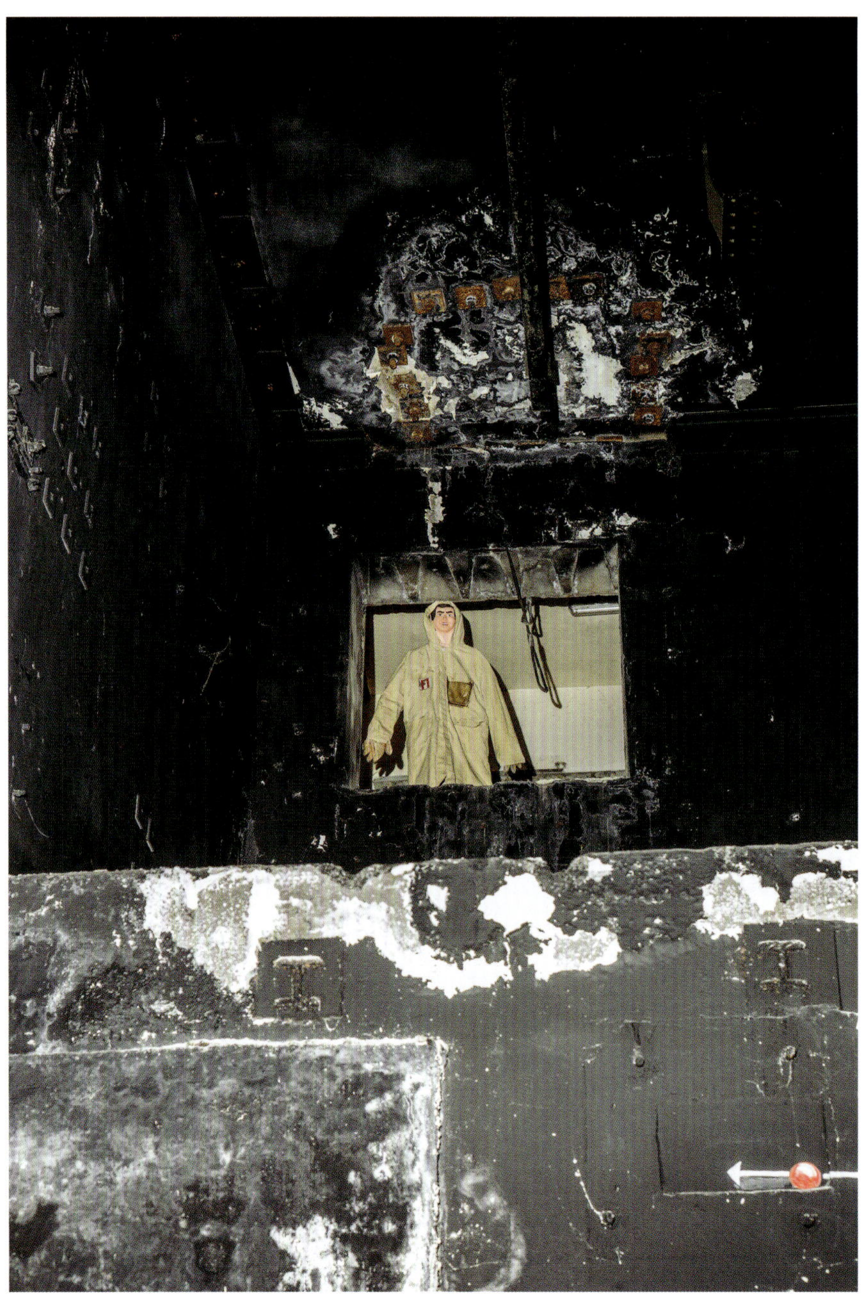

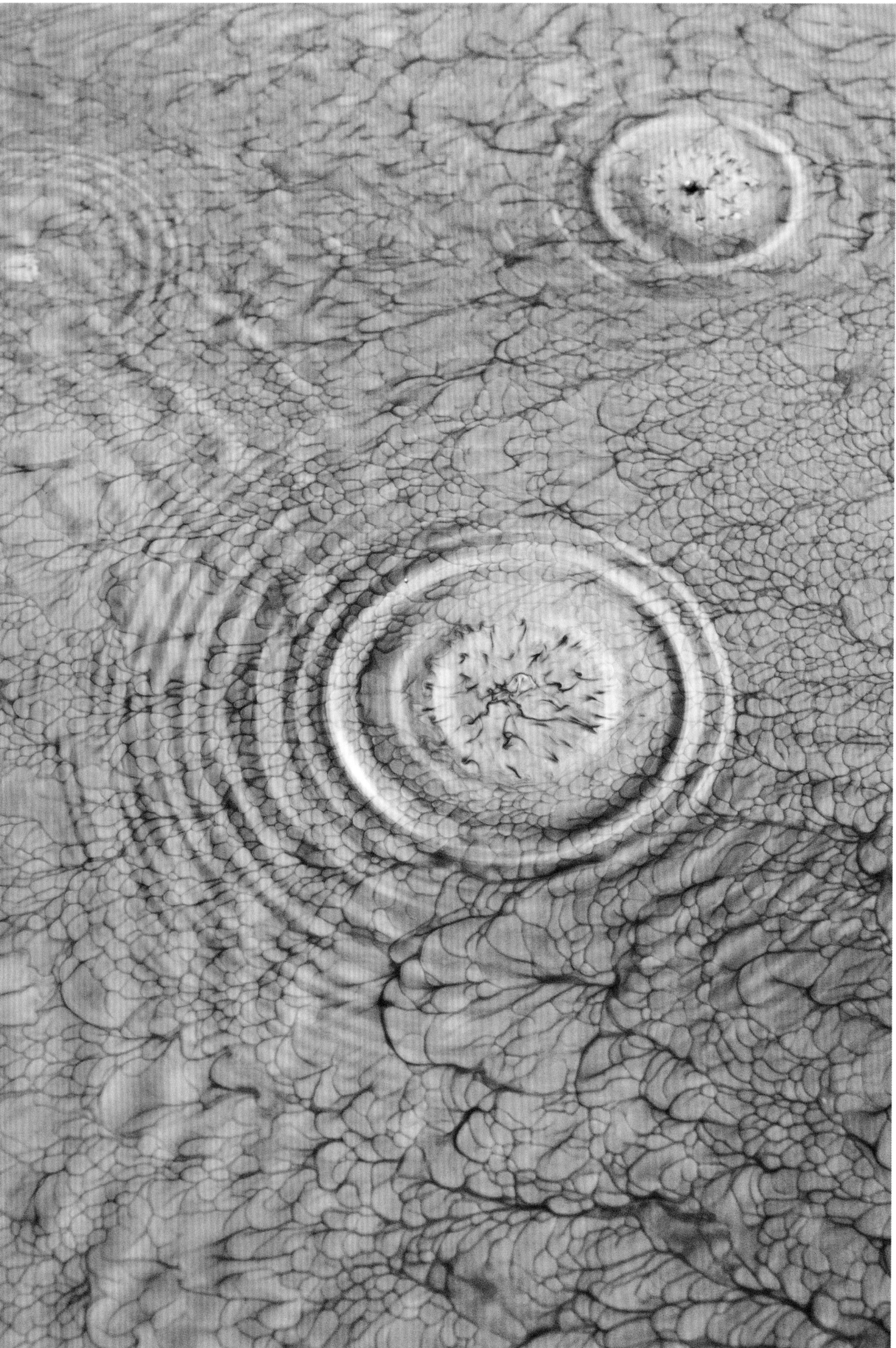

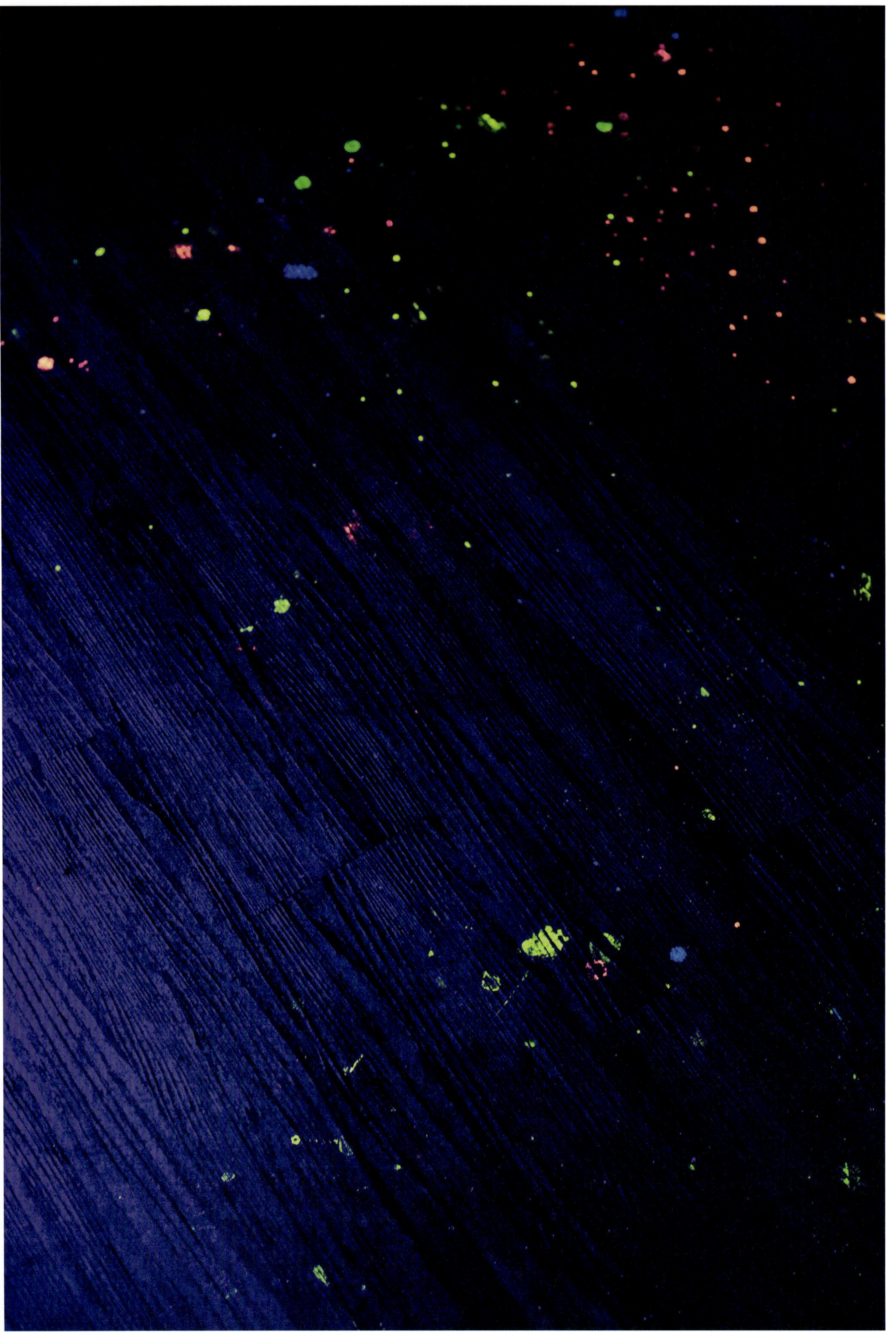

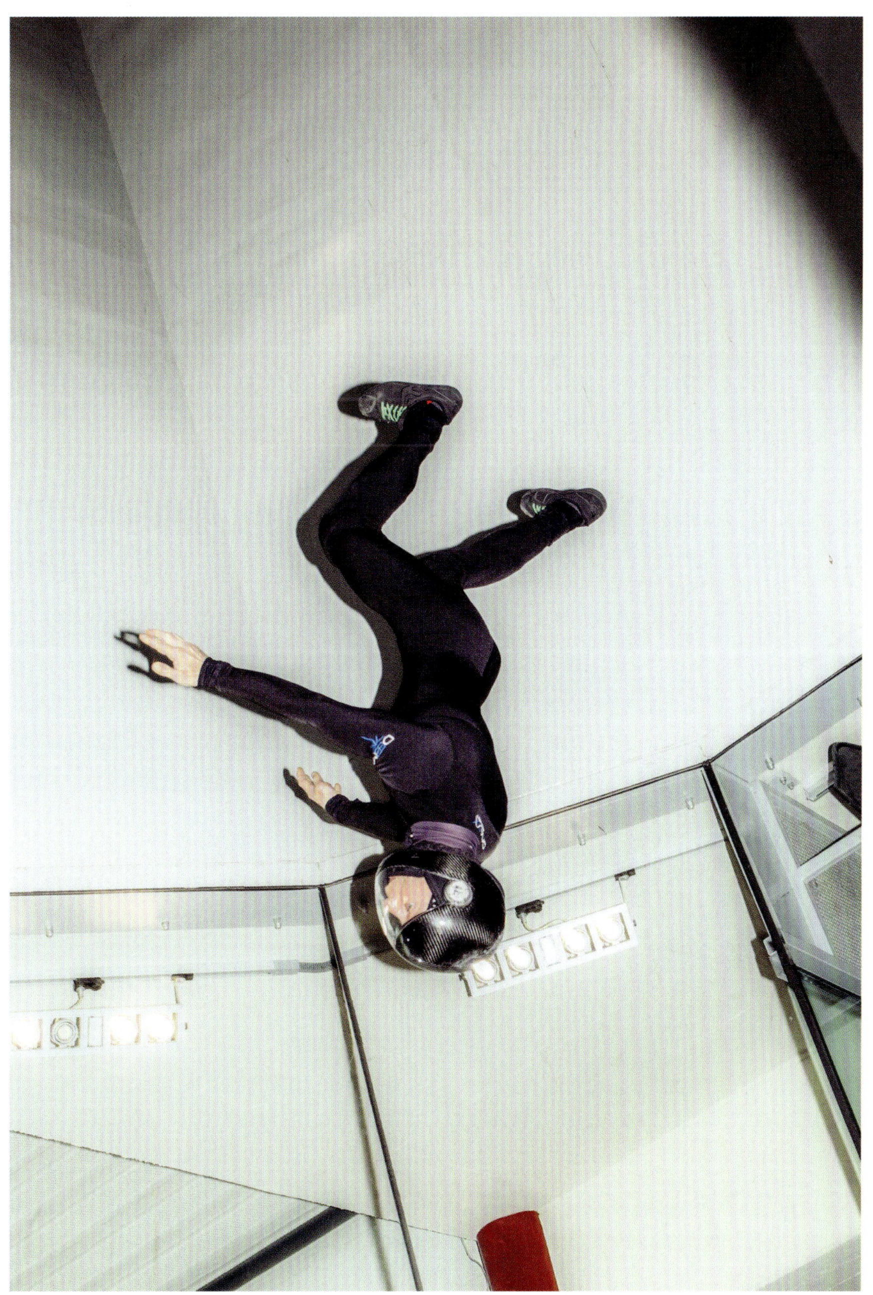

Julian Slagman

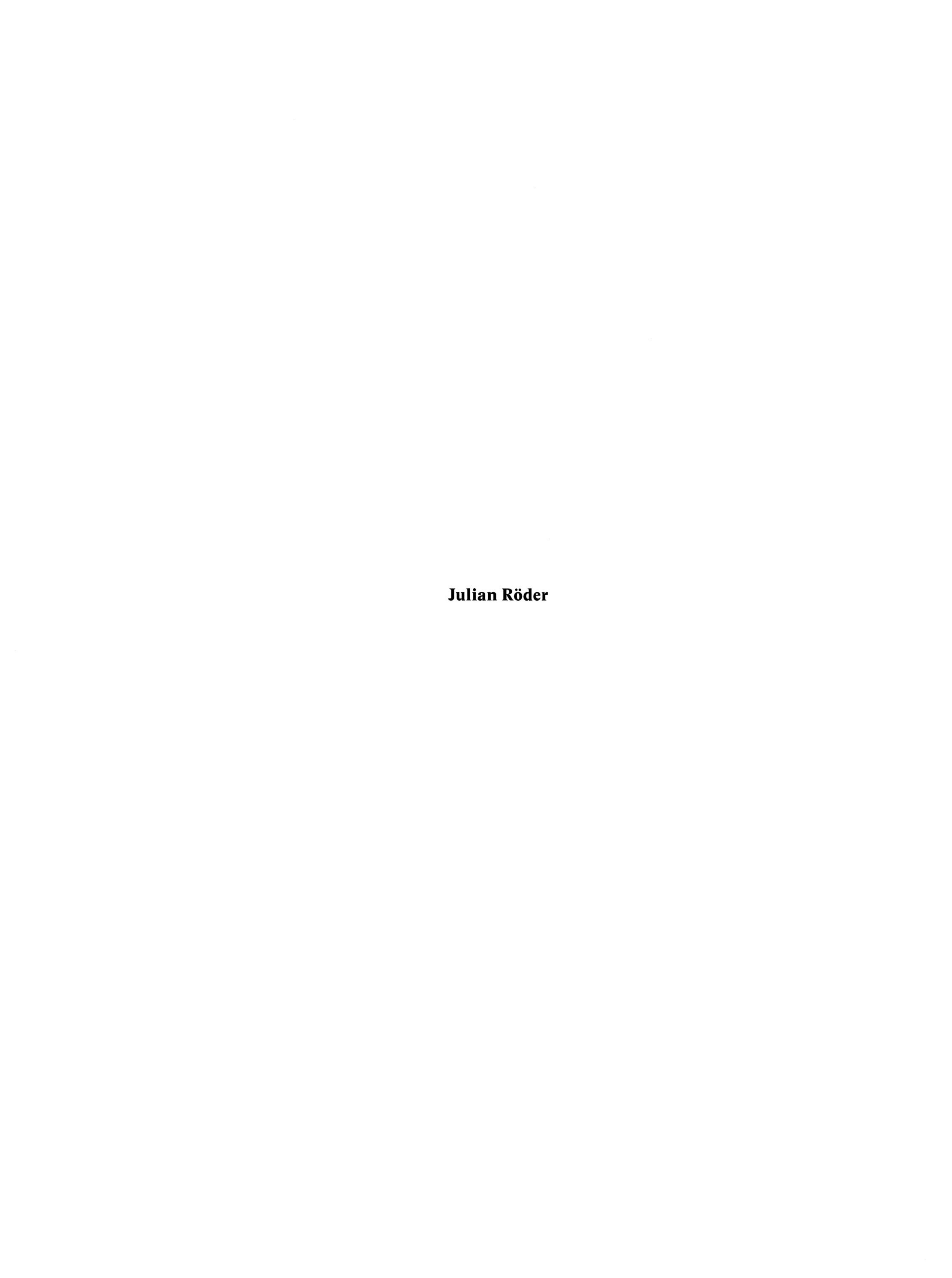

Julian Röder

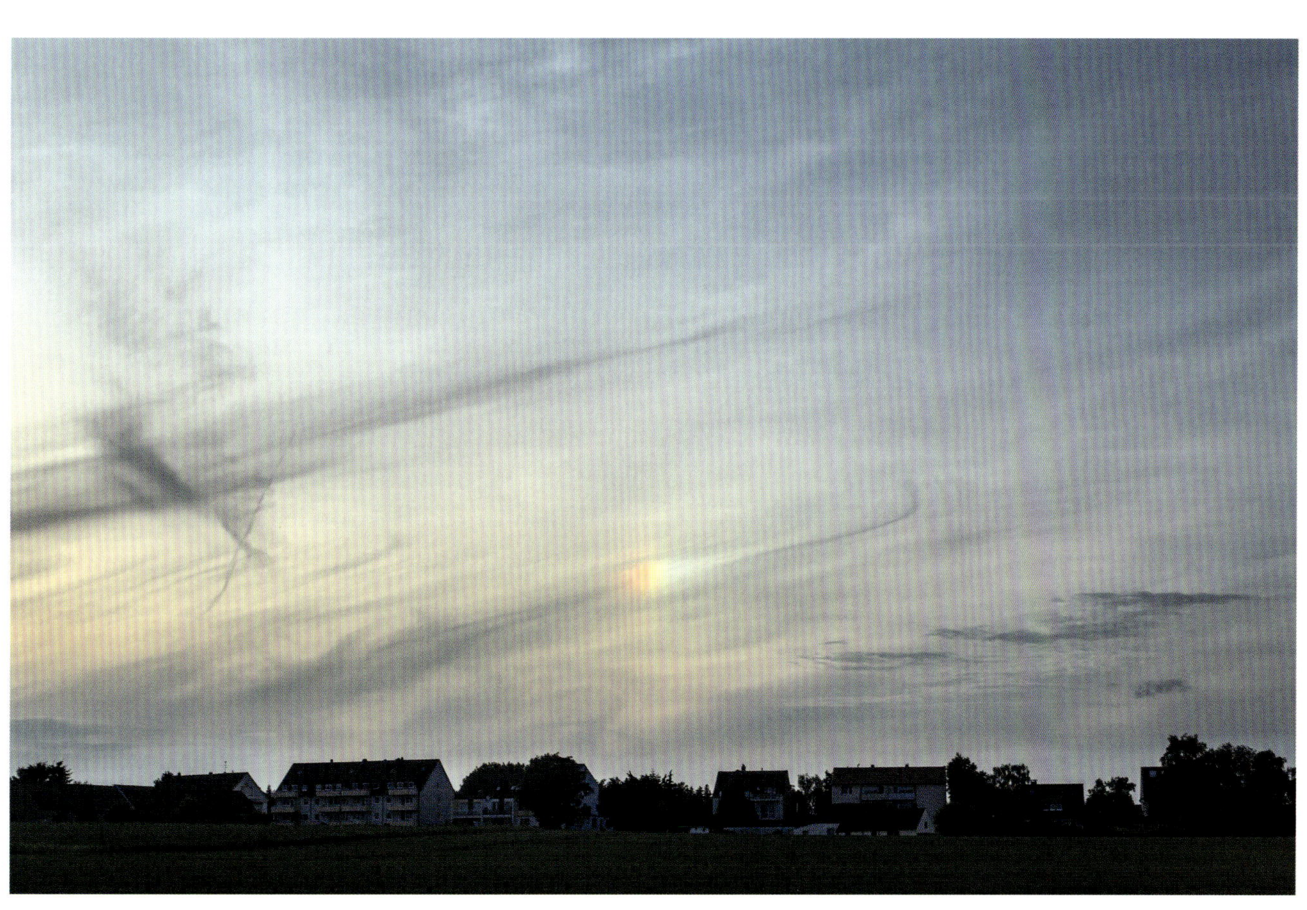

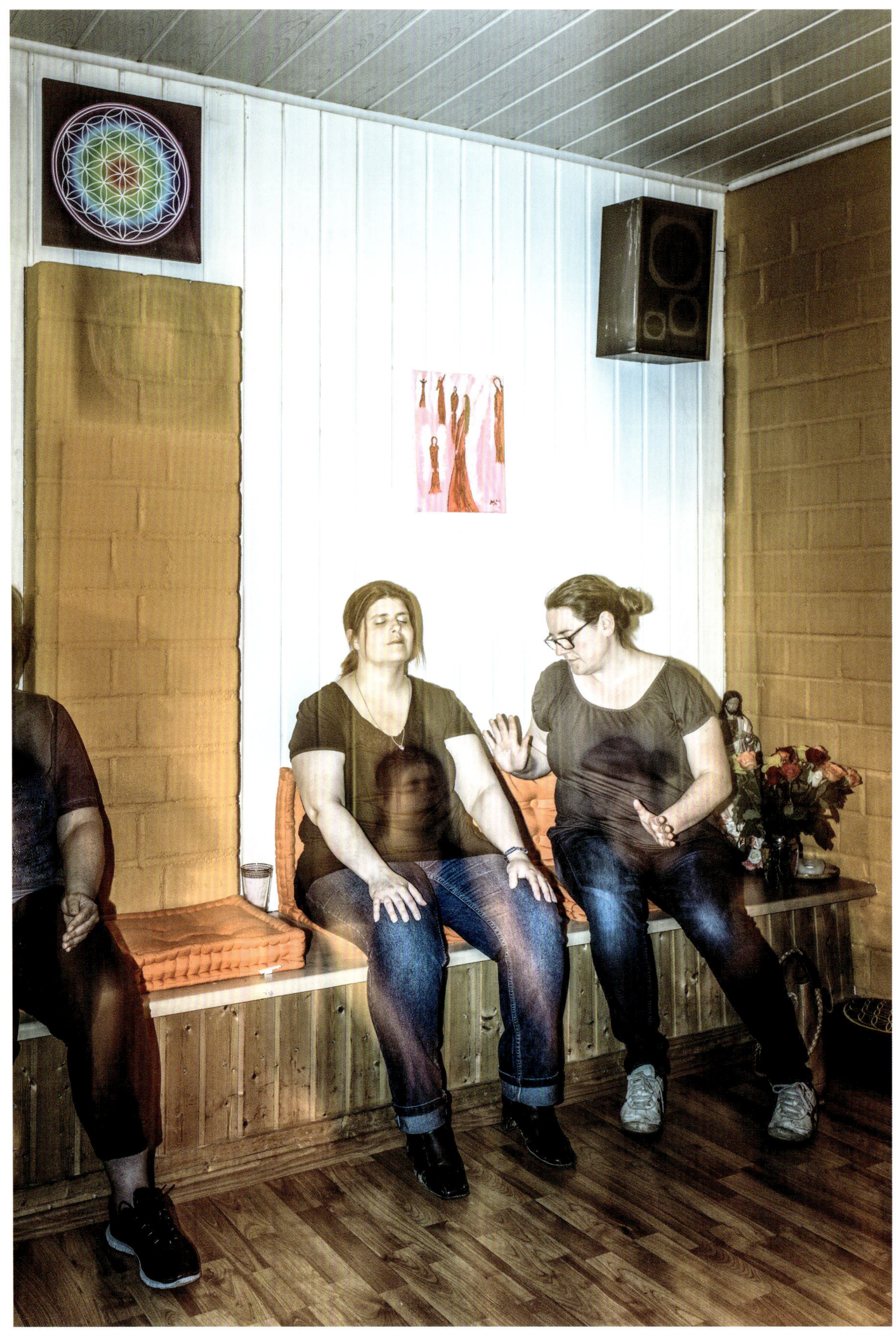

Medialer Zirkel im Avalon-Lichtzentrum, Grevenbroich

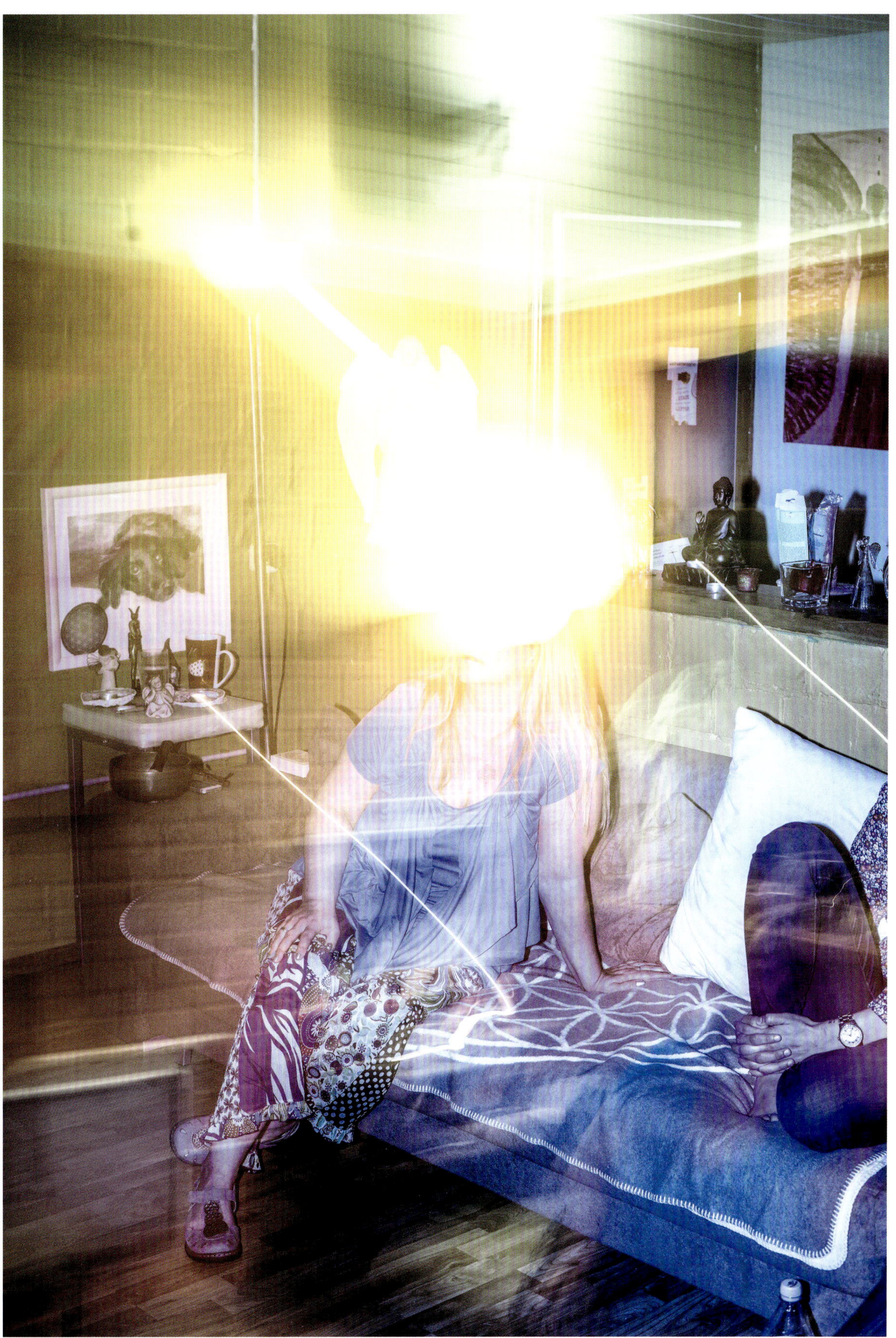

Jenseitsdemonstration im Avalon-Lichtzentrum, Grevenbroich

Julian Röder

Young Photography

Young Photography. What's that supposed to be? Can photography age? Can it get wrinkles, go out of fashion, gather dust, dry out? Can it be re-born? Yes, it can.

Photography is the art of the moment, literally the blink of an eye. And in that same moment it is also the art of eternity: documentation. Photography always plays with transience and vision.

Simultaneity, however, became part of photography a long time ago. Digitalization has revolutionised photographers' ways of working. It has democratised their work. Millions of people are capturing images and representing themselves, spanning the world in smartphone formats. "Moments" can travel around the globe in seconds. The 21st century is the century of profile photos, selfies and snapshots, of a virtual flood of images.

Time for self-determination. The world has never been as visual as it is today. Time for a new, specific view. To focus and place in context.

This catalogue brings together series of works by four young German photographers. Their pictures were taken during mastercourses with Daniel Josefsohn and Julian Röder at the Ruhrtriennale 2016. As part of its programme for young artists, Campustriennale, the Festival of the Arts in the Ruhr metropolitan region offered young photo-artists the chance to realise their creative visions with professional support.

Daniel Josefsohn chose the topic 'BUDE BETT BARGELD' ("PAD BED CASH") by reflecting freely on the ideas of: where you live, where you sleep, what you spend your money on. Julian Röder came up with the title 'Licht unserer Tage' ("Light of Our Days"), an allegorical play on what is visible and what is unseen, on progress, history and enlightenment.

These series of pictures – among them even new works by Josefsohn and Röder – reflect both the titles and the Ruhr region, one of the most exciting areas of post-industrial transformation in Europe and a centre of population which is home to five million people. Louisa Boeszoermeny, Jakob Ganslmeier, Gregor Schmidt and Julian Slagman search for images with their cameras which they do not "dispatch". They were all born around 1990. They belong to a new generation of artistic and conceptual photographers who know the great ancestors of photography but are creating their own contemporary visual vocabulary.

Their photographic works are testimony in differing ways of a seismographic sensitivity to life and to the mood of the times. Each of the series of works collected here shares a determination to provide some resistance to our high speed visual culture, to charm people's attention and to anchor their thoughts. Or, as Julian Röder put it in the interview for this catalogue: "Pictures are still important in reflecting on the world."

That keeps us young. Us and photography.

Vasco Boenisch

Reporter, Artist, Punk

Daniel Josefsohn and Julian Röder talk to Vasco Boenisch about careers, the right image, photography in the mobile phone age – and an unfulfilled dream.

Two leading German photographers and two very different ways of working. You, Julian Röder, almost became a political photojournalist.

Julian Röder: That was in 2001, when I came back with photos of the G8 Summit in Genoa. I actually went to Genoa to demonstrate and took some photos on the side. But when I saw the pictures I wanted to be the person who gave the opposition movement to globalization a face.

This was the starting point for your series 'The Summits', for which you were awarded the German Youth Photo Prize.

JR: Newspapers and magazines got in touch with me and nominated me for the World Press Photo Foundation's masterclass. But I was rather suspicious of that hard core war and misery photojournalism. I didn't want to be looking at cases of suffering from my privileged perspective in order to fill the gaps between ads: that's what I thought then.

What did you want to do instead?

JR: I wanted to study photography properly so I went to Leipzig to the Academy of Fine Arts. I was just 20. Though I didn't really like it there either. It seemed so deliberately elitist. I got the impression that some people there went to a lot of trouble to find subjects just so that they had a subject they could study academically. It didn't feel as if that engagement came from any kind of inner need.

Daniel Josefsohn: Julian, if anyone turns up to our courses with one of those big black portfolios – throw them out!

Why?

DJ: If I try to imagine being picture editor of German weekly 'DIE ZEIT', and young photographers turn up with these application portfolios, I'd go mad. They all mean well but that's not the point. It's not important how it's been made. The idea is the key thing.

JR: Of course the idea matters. But so does the form.

DJ: I give you an example from the field of war photography. I had a really brilliant idea. Back then I only had an Israeli passport but my assistant had the opportunity to travel to Afghanistan with the German Army and to visit nursery schools and NGO projects there two or three times a year. But he never brought any photos back. I couldn't understand this. So I commissioned this project from him: go to a joke shop, buy a hundred red clown noses made of foam, take a hundred dollars, go to Afghanistan, go to a hospital where maybe people are having legs amputated and their families are crying at their bedside – and put these red noses on them. Give them ten dollars and take a photo. Take a photo of a sniper with a gas mask and a red nose. Of a General with Merkel in the background visiting the troops – red nose. And so on. War ad absurdum.

JR: That is brutal.

DJ: Of course! Incredibly brutal. But it makes the point: just how sick this war is. If my assistant had brought back ten photos like that with red noses, he would have won every photo prize in the world for reportage. He would have become world famous instantly. Instead after three trips he brought back one single photo which had a soldier on it with a red nose stuck to the side of his helmet. I threw him out.

If you go to a trade fair for military equipment, like you did in 2011 for the series 'World of Warfare', what do you look for?

JR: It's about condensed statements. Bizarre moments, almost comic-like. Something that's almost too absurd to be true. I start by collecting things very quickly and then edit later.

DJ: Photography takes time.

Where does reportage end and art begin?

JR: With universal images.

What makes a photo of a demonstration at the G8 summit a universal image?

JR: At these events there are always a lot of placards which get held up. They get boring quite quickly. I wanted to find images which are relevant everywhere. At first I worked intuitively, then later I chose models

from the history of art, Caspar David Friedrich or historical battle paintings, and bore those in mind when I was looking for images.
DJ: Reportage photography is so cool.
JR: But not if it's making a pseudo-documentary statement: look, this is what the world is like.
DJ: Maybe.
Do you see yourself as a reportage photographer? Most people associate Daniel Josefsohn with posed images.
DJ: But the couple of reportage features I have done were like heaven on earth. You don't have to have any ideas, you just open your eyes. Really wide, mind you.
What would be a reportage subject for you now?
DJ: I proposed this idea to the 'ZEIT Magazin' but it couldn't be realized. There's a crossroads in the Gaza strip, where the roads to Israel, Gaza and Egypt meet. And right on this border there is a massive petrol station. It's where the Western world starts again. You can get a proper coffee there, the General can get a blowjob from a female soldier, everything is going on at that petrol station. Everything passes through there. I want to spend a week sitting there and photograph everything that happens. It's a dream.
How can you recognize a good photo?
DJ: You just know. You can't define it. For my photographs the titles are just as important as the images. For example 'Fleurop' – when all you see is the barrel of a gun peeping out of a flower hedge. Or titles like 'Jewing Gun' or whole sentences like 'Vorsicht, wenn rechts versucht, mit links zu überholen' ('Watch out in case the right tries to overtake on the left hand side'). Or 'BUDE BETT BARGELD' ('PAD BED CASH'). The ideas are in the names.
Do you have a title first and then an image?
DJ: It varies. Usually the photo comes first, then the name. But if I photograph something myself for 'BUDE BETT BARGELD', then the title will have been there first.
When you placed yourself in front of the Wailing Wall in Jerusalem wearing a white storm trooper helmet from 'Star Wars' for the photo 'Guns & Moses', why do you photograph an image like that?
DJ: For the hell of it. Quite honestly. For the hell of it. It's not about 'Star Wars' anyway, I could have used a rubbish bag, the helmet just looks better. I do it simply because I want to.
JR: But that idea with the red clown's noses in Afghanistan, that might be "for the hell of it" too but it goes a lot further.
DJ: The red nose idea is about success.
JR: Success for the person who takes the photo?
DJ: Exactly. Because it's so extreme and you'll go from nothing to being world famous immediately. Like the Turner Prize, but different.
To what extent can photography be learned?
DJ: You can learn photography by having a damned good mentor, from whom you learn to have a good eye and good ideas.
What did you learn from studying photography?
JR: I had two pretty good mentors but I think you learn most about photography from pursuing a subject that really engages you and that you want to find something out about through photography. You learn by doing and grafting.
When did you realise you wanted to be a photographer?
DJ: I've got to go back a bit. As a young man I did a lot of skateboarding. I had a great life but it all went downhill after I tore a ligament. Not a great time. And then I had to ask myself: What do you actually want to do? I hadn't learned to do anything. On 1st May 1989, I'll never forget the date, a friend lent me 300 Marks and I bought a camera because I thought: maybe something in the media. In the evenings I took the camera with me to the disco in Hamburg where I met [the later journalist and book author, *Ed.*] Rebecca Casati, who was 19 then and I took a couple of photos of her. I took those pictures with me to the city magazine 'Prinz' and applied for a job. Downstairs a certain Wolfgang Tillmans was getting out of the lift. In the end we both got the job and for a year we divided the Hamburg scene between us as photographers for 'Prinz'. That was when I worked out: Photography: I can do that.
How did you decide to study photography?
JR: At the end of my chequered school career in

East Berlin I ended up in an experimental project for "school failures" where you could do internships. I chose the picture desk of 'Junge Welt', which was the official publication of the GDR's youth association, the FDJ. The photographer took me out on his assignments...

DJ: ... That's exactly what to do...

JR: ... And it was fun to see how a picture is created in a photo lab, this magic that photography has.

DJ: That's why I think you need a good mentor.

Who was your mentor?

DJ: I worked as a photographer's assistant and I did so much for him that I was actually doing it for myself. There was an advertising job for the mail order company Quelle. They wanted us to photograph a lawnmower, the "Silver Arrow", in a driveway. The photographer actually wanted to go to Spain. Spain? I wanted to go to America! The whole idea for the image sounded much more like America. So I suggested it. The photographer had never been to the USA. That was my trick. I worked out behind his back what shooting in America would cost and it was actually 2,000 Marks cheaper. So we photographed the "Silver Arrow" in America.

What advice would you give to young photographers?

DJ: If they're really young: go somewhere else. Don't stay in Berlin. Go to London, New York or Los Angeles. Go to a studio where you might be the 20th assistant but it doesn't matter, the main thing is: keep your eyes open! Make coffee for the best photographers in the world – and watch.

JR: I never assisted a studio photographer. I never really had anything to do with studio photography – sadly.

DJ: You don't have to. Another possibility: do work experience at a lighting hire firm. Spend 6 months just running around. Then you'll know what a gobo head is, what this particular camera is called etc. I'd recommend that to anyone. Hard work. No money, the main thing is you get through it – and open your eyes.

Julian Röder talked about the magic of photography. That's largely disappeared now. Is digital photography more of a curse or a blessing?

JR: I think it's a blessing. But photographers have to ask new questions about their own role.

How do photographers think of themselves now?

JR: Today's photographers can no longer define themselves by being in the right place at the right time. Because the whole world is already there and pictures go around the globe in seconds. So as a photographer you're forced to think very carefully about what you are photographing and why.

DJ: Which is why the idea is so important.

And what conclusion have you come to in your own case?

JR: Pictures are still important in reflecting on the world. The key thing is a photo's context. With Daniel Josefsohn it's in the titles. With me it's the series, the combinations of different images on a theme.

Do you want to tell stories?

JR: Yes and no. Stories have a beginning and an end. But the world isn't like that. Photo series can be open, a question mark. An opportunity to carry on thinking.

To what extent has digitalization changed photography?

DJ: Whether it's analogue or digital is basically irrelevant. It's the idea, not the camera that counts.

But your shots do go through post-production, in other words Photoshop.

DJ: Yes, now. But retouching photos has always happened. It's not something invented by digital photography. For years I did analogue photography with a Fuji GA645 Zl...

JR: ... A great camera.

DJ: I had two of them. But there are no 220 films any more. There are only 120s with half the pictures, which means you need three or four cameras to do a shoot or you've got to spend time changing film. That's why I've moved to digital cameras now.

Does it annoy you that now we've got Hipstamatic and Instagram everybody thinks they're a photographer?

DJ: They can think what they like but they're not.

JR: But in a way they are, everyone has become their own channel.

DJ: But not photographers, not really.

JR: It depends on the quality of the channel. Have they thought about what they're photographing?
DJ: Exactly. My motto is: Someone who thinks a lot doesn't have to work a lot. Of course I also think it's important to use good equipment.
Is an iPhone good enough?
DJ: Yes.
Could you realise your picture ideas with a mobile phone?
JR: I haven't managed it yet. But every age has its technical possibilities and then it's good that you can see that in the picture. And now is the age of the mobile phone.
DJ: A phone photo only really works for certain format sizes, but with the right idea a phone photo can make an impression.
Which brings us back to the ideas.
JR: Sometimes I think I can't keep producing brilliant ideas like Daniel, I need things out there that I can react to photographically.
DJ: Julian, you just go to the shoot and there it is. I never read briefs when I work on journalism. I go along, say hello and leave afterwards. On principle. Once I had to do a portrait of Gerhard Schröder's designated Economics Minister, Jost Stollmann, for 'brandeins'. A bright man, his kids could speak ten languages fluently I guess, it was all amazingly impressive. But I didn't want to know anything about him. We were at his house, and he had a private cinema. We went inside, I turned the light out, took him by the hand and spun round with him in circles. I just kept pressing on the Fuji in total darkness. Those were the best photos.
JR: You are just the best punk.
DJ: But some portraits are shit because the people are shit. It's got to rock. And Adrien Brody or Michael Schumacher did not rock.
How can you photograph now since you were half paralysed after a stroke in 2012?
DJ: It's fine in the studio but outdoors I am limited. I never used to work with a tripod before and now I can't work without one. Unfortunately no assistant holds the camera like I do.
How has that changed your work?
DJ: It's an entirely new approach to photography for me. I think much more artistically now. Before I was just on the go, taking photographs. Now I think a lot more intently about titles, how the pictures should be hung, all the things that go with it.
Have you got a dream photo, even if it's perhaps unrealistic?
JR: Yes. I have actually dreamed of travelling to the moon as a photographer.
DJ: Really? Photographing on the moon? Wow.
JR: On the dark side.
DJ: I still want to do that red nose idea. Man, I really want to do that!

Daniel Josefsohn, born in 1961, and **Julian Röder**, born in 1981, are both leading contemporary German photographers. Josefsohn first rose to prominence in 1995 with the "Miststück" campaign for music tv channel MTV. His photographs shift effortlessly between art and commerce, between provocation and humour. Since 'The Summits' about protests at G8 summits (2001 – 2008), Röder's conceptual photo series often illuminate connections between power and economics, moving between documentary and posed images. **Vasco Boenisch** worked as an arts journalist for many years and is Dramaturg for the Ruhrtriennale 2015 – 2017.

Louisa Boeszoermeny was born in 1991. Since 2013 she has worked as a freelance photographer's assistant in New York and Berlin. Since 2014 she has completed training as a photo designer at the Lette-Verein in Berlin. Her works have been exhibited at Fotofestival Zingst and in the context of the „Month of Photography“ in Berlin, in 2015 she took part in the group exhibition '9 Lives' by Galerie Haute Presents. Louisa Boeszoermeny lives and works in Berlin.

Jakob Ganslmeier was born in 1990. In 2014 he completed his studies at the Ostkreuzschule für Fotografie in Berlin with 'Trigger', a long-term documentary observing soldiers of the German army suffering from post-traumatic stress disorder. His works are and have been exhibited in locations including Paris, Hamburg, Berlin, Hanover, Croatia and Brazil. He has won several awards including the 2015 European Photo Exhibition Award. He is also a co-founder and regular contributor to the internet platform and magazine FOG. Jakob Ganslmeier lives and works in Berlin.

Gregor Schmidt was born in 1988. From 2010 to 2015 he studied communications design at the HTW Hochschule für Technik und Wirtschaft in Berlin and from 2012 to 2013 Photography at the Folkwang University of the Arts in Essen. His photographs have been exhibited in Milan, Hamburg, Dresden, in Mexico and Switzerland. In 2015 he was one of theprizewinners in the competition 'gute aussichten – junge deutsche fotografie' with his work 'Waiting for Qatar' about the Gulf state in the lead-up to the football World Cup in 2022. Gregor Schmidt lives and works in Berlin.

Julian Slagman was born in 1993. He has been a student at the Neue Schule für Fotografie in Berlin since 2013. His work aims to circumscribe appearances relevant to the everyday in an essayistic manner. Most of his subjects deal with the relationship between humanity and nature in inner cities. He has exhibited series of works in cities including Hamburg, Berlin, Frankfurt, Friedrichshafen and Copenhagen. In 2015 he won the Eagle Eye Contest held by Frankfurter Kunstverein and Trevor Paglen with a series about the new German Secret Service headquarters in Berlin. Julian Slagman lives and works in Hamburg and Berlin.

Editors
Johan Simons, Lukas Crepaz, Vasco Boenisch
Kultur Ruhr GmbH / Ruhrtriennale

Editing
Vasco Boenisch

Design
Bureau Mathias Beyer, Cologne

Photography
Louisa Boeszoermeny, Jakob Ganslmeier, Daniel Josefsohn,
Julian Röder, Gregor Schmidt, Julian Slagman

Image Editing
max-color, Berlin

Translation
David Tushingham (EN)

Production Management
DISTANZ Verlag, Sonja Bahr

Production
optimal media GmbH, Röbel/Müritz

Distribution
Gestalten, Berlin
www.gestalten.com
sales@gestalten.com

ISBN 978-3-95476-158-6
Printed in Germany

Published by
DISTANZ Verlag
www.distanz.de

BUDE BETT BARGELD / Licht unserer Tage is a production by Ruhrtriennale.

In cooperation with Allianz Kulturstiftung.

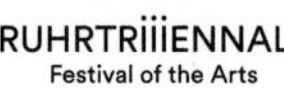

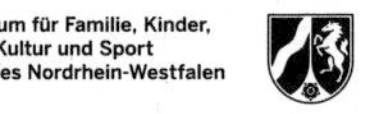

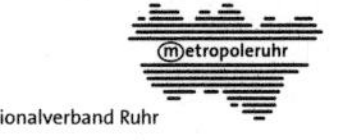

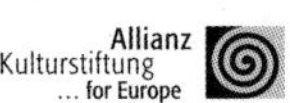

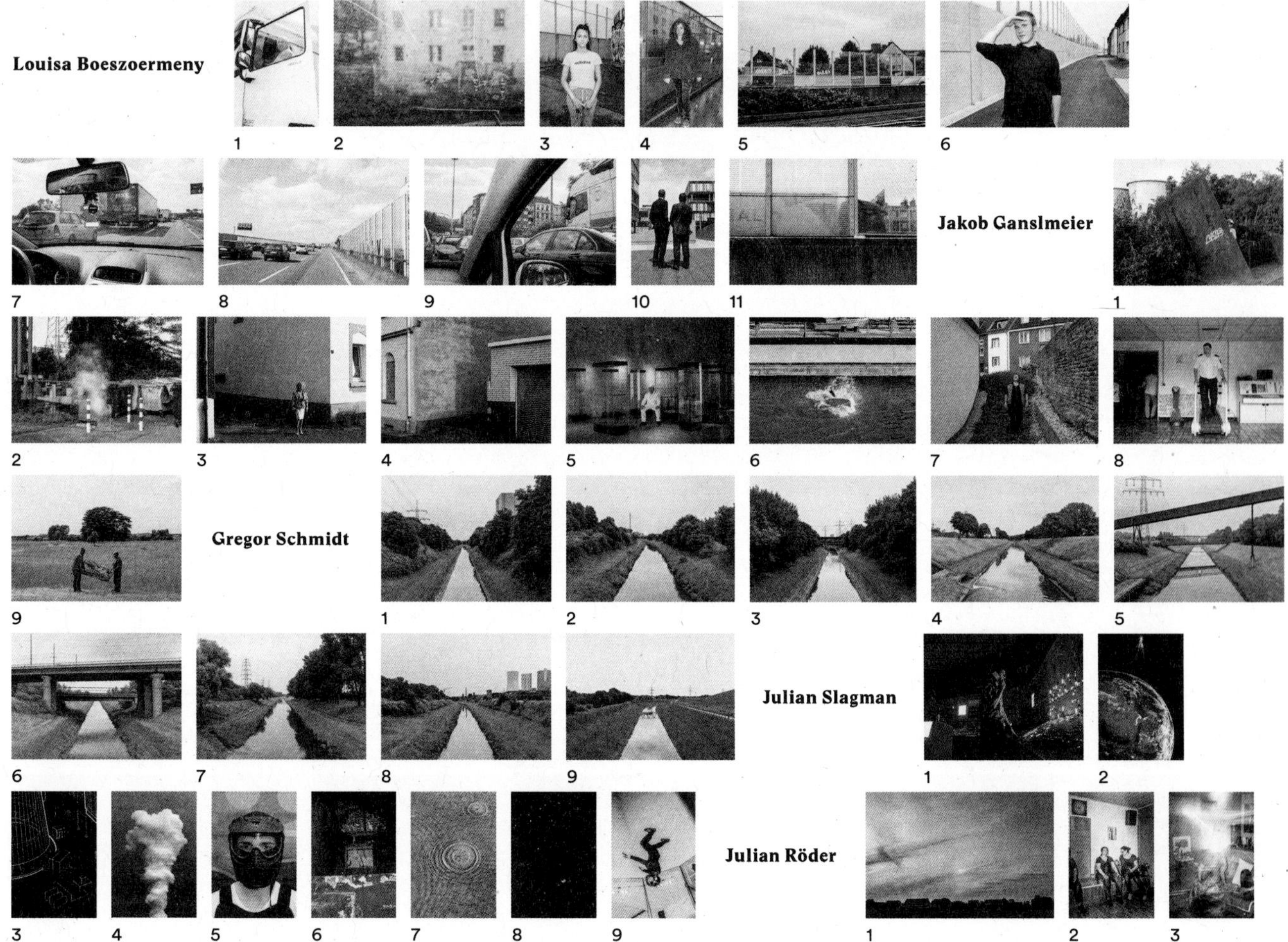

Louisa Boeszoermeny, A40 (1–11) → **Jakob Ganslmeier, Lovely Planet: Bochum** (1–9) → **Gregor Schmidt, Emscher** (1–9): Kilometer/*Kilometre* 47 (1), Kilometer/*Kilometre* 52 (2), Kilometer/*Kilometre* 53 (3), Kilometer/*Kilometre* 72 (4), Kilometer/*Kilometre* 63 (5), Kilometer/*Kilometre* 59 (6), Kilometer/*Kilometre* 71 (7), Kilometer/*Kilometre* 55 (8), Kilometer/*Kilometre* 83 (9) → **Julian Slagman, Airplay** (1–9): Simulatorzentrum/*Simulator Centre* KSG/GfS, Essen (1), Simulationsmodell der Erde/*Simulated model of the Earth,* Gasometer Oberhausen (2), Lehrzeichnung der/*Instructional drawing from* Kraftwerksschule e. V., Essen (3), Kokerei Prosper, Bottrop (4), Mann im Paintball-Outfit/*Man in paintball outfit,* Bottrop (5), Wunderland Kalkar, Kalkar (6), Steinkohle in Pfütze/*Coal in puddle,* Bottrop (7), LaserZone, Essen (8), Indoor Skydiving Simulator, Bottrop (9) → **Julian Röder**, Ohne Titel/*Untitled* (1), Medialer Zirkel im/*Medial Circle at the* Avalon-Lichtzentrum, Grevenbroich (2), Jenseitsdemonstration im/*Demonstration of The Beyond at the* Avalon-Lichtzentrum, Grevenbroich (3)

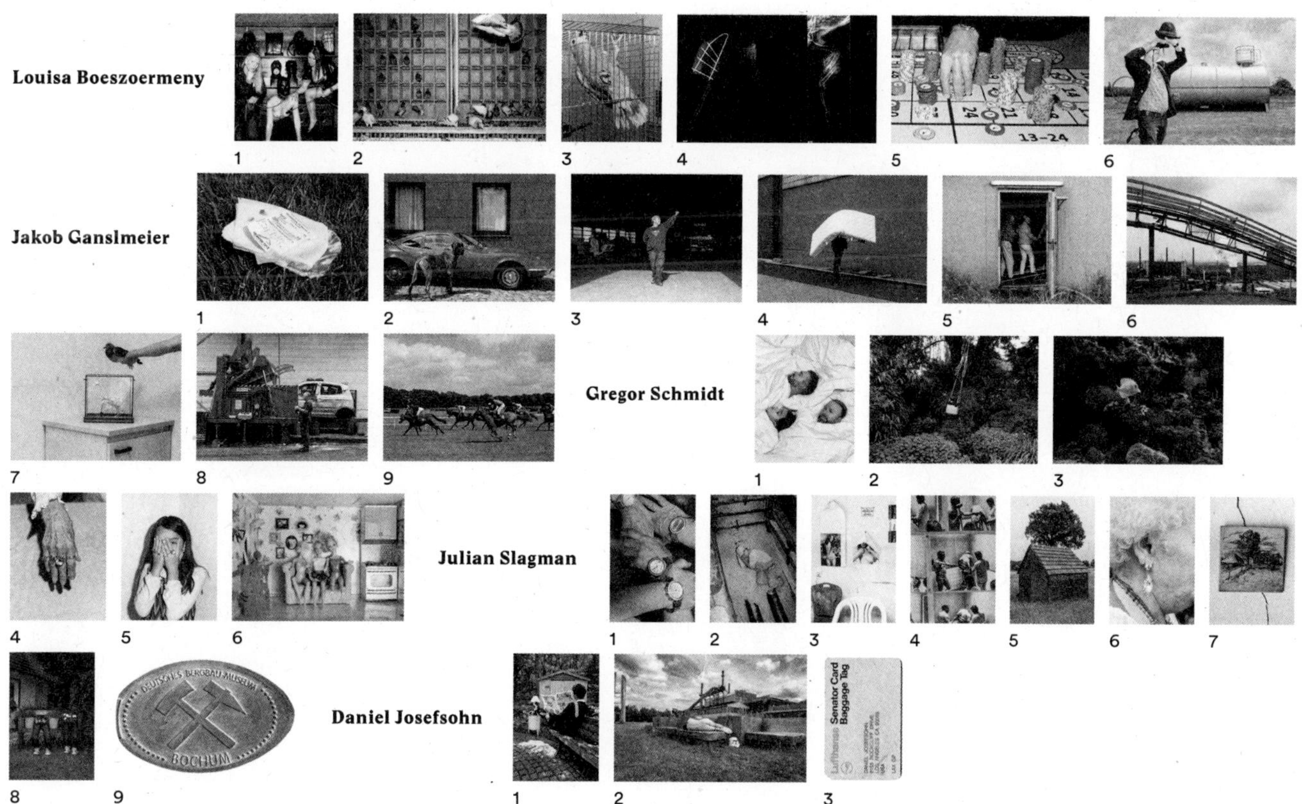

Louisa Boeszoermeny, BUDE BETT BARGELD / *PAD BED CASH* (1–5): Das Bizarre Stahlwerk / *The Bizarre Steelworks,* Bochum (1), Taubenklinik / *Pigeon clinic,* Essen (2, 3, 4), Spielbank Hohensyburg / *Hohensyburg Casino,* Dortmund (5), Gas-Tank als begehbare Behausung / *Gas tank as walk-in dwelling,* Gesellschaft der Amateur-Ornithologen / *The Society of Amateur Ornithologists* von / *by* Mark Dion im Rahmen der / *as part of* Emscherkunst 2016, Dortmund (6) → **Jakob Ganslmeier, Lovely Planet: Bochum** (1–9) → **Gregor Schmidt, Familienbild / *Family Image*** (1–6): Väter und Tochter / *Fathers and daughter:* Jens, Andreas und / *and* Greta, Essen 2016 (1), Sohn / *Son:* Henri, Essen 2016 (2), Aquarium, Essen 2016 (3), Großmutter / *Grandmother:* Ortrud, Essen 2016 (4), Tochter / *Daughter:* Greta, Essen 2016 (5), Gretas Puppenhaus / *Greta's dolls' house,* Essen 2016 (6) → **Julian Slagman, Mutterland / *Motherland*** (1–9): Juwelier Christ / *Christ jeweller's,* Bochum (1), Bauarbeiter / *Construction worker,* Bochum (2), Pin Ups, Essen (3), Ehrenhauer-Brauch / *Custom of honorary coal cutters,* Bergmannsmuseum / *Miner Museum* Lünen (4), Ehemals artesischer Brunnen / *Former artesian well,* Haltern (5), Dame / *Lady,* Bochum (6), Bergschäden / *Mining damage,* Haltern (7), Vorgarten / *Front garden,* Gelsenkirchen (8), Souvenir-Prägung 5-Cent-Münze, Kosten 1,05 € / *Souvenir minted 5 Cent coin, cost: € 1.05,* Deutsches Bergbau-Museum / *German Mining Museum,* Bochum (9) → **Daniel Josefsohn**, BUDE / *PAD* (1), BETT / *BED* (2), BARGELD / *CASH* (3)

Herausgeber
Johan Simons, Lukas Crepaz, Vasco Boenisch
Kultur Ruhr GmbH / Ruhrtriennale

Redaktion
Vasco Boenisch

Gestaltung
Bureau Mathias Beyer, Cologne

Fotografie
Louisa Boeszoermeny, Jakob Ganslmeier, Daniel Josefsohn,
Julian Röder, Gregor Schmidt, Julian Slagman

Lithografie
max-color, Berlin

Übersetzung
David Tushingham (EN)

Produktion
DISTANZ Verlag, Sonja Bahr

Gesamtherstellung
optimal media GmbH, Röbel/Müritz

Vertrieb
Gestalten, Berlin
www.gestalten.com
sales@gestalten.com

ISBN 978-3-95476-158-6
Printed in Germany

Erschienen im
DISTANZ Verlag
www.distanz.de

BUDE BETT BARGELD / Licht unserer Tage ist eine Produktion der Ruhrtriennale.

In Zusammenarbeit mit der Allianz Kulturstiftung.

RUHRTRIIIENNALE
Festival der Künste

Ministerium für Familie, Kinder,
Jugend, Kultur und Sport
des Landes Nordrhein-Westfalen

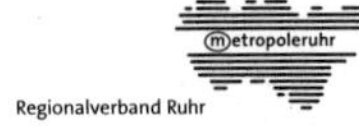

Regionalverband Ruhr

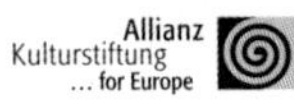

Louisa Boeszoermeny wurde 1991 geboren. Seit 2013 ist sie als freie Fotoassistentin in New York und Berlin tätig. Seit 2014 absolviert sie eine Ausbildung zur Fotodesignerin am Lette-Verein in Berlin. Ihre Werke waren beim Fotofestival Zingst und im Rahmen des „Monats der Fotografie" in Berlin zu sehen; 2015 nahm sie an der Gruppenausstellung „9 Lives" der Galerie Haute Presents teil. Louisa Boeszoermeny lebt und arbeitet in Berlin.

Jakob Ganslmeier wurde 1990 geboren. Im Jahr 2014 beendete er sein Studium an der Ostkreuzschule für Fotografie in Berlin mit „Trigger", einer dokumentarischen Langzeitbeobachtung von SoldatInnen der Bundeswehr, die unter Posttraumatischen Belastungsstörungen leiden. Seine Werke wurden und werden u. a. in Paris, Hamburg, Berlin, in Spanien, Kroatien und Brasilien ausgestellt. Er erhielt mehrere Auszeichnungen, u. a. 2015 den „European Photo Exhibition Award". Zudem ist er Mitbegründer und festes Redaktionsmitglied der Internetplattform und des Magazins FOG. Jakob Ganslmeier lebt und arbeitet in Berlin.

Gregor Schmidt wurde 1988 geboren. Von 2010 bis 2015 studierte er Kommunikationsdesign an der HTW Hochschule für Technik und Wirtschaft in Berlin sowie von 2012 bis 2013 Fotografie an der Folkwang Universität der Künste in Essen. Seine Fotografien wurden u. a. in Mailand, Hamburg, Dresden, in Mexiko und der Schweiz ausgestellt. 2015 gehörte er zu den Preisträgern des Wettbewerbs „gute aussichten – junge deutsche fotografie" mit der Arbeit „Waiting for Qatar" über den Golfstaat Katar am Vorabend der Fußball-Weltmeisterschaft 2022. Gregor Schmidt lebt und arbeitet in Berlin.

Julian Slagman wurde 1993 geboren. Seit 2013 studiert er an der Neuen Schule für Fotografie in Berlin. Ziel seiner Arbeit ist die essayistische Umschreibung alltagsrelevanter Erscheinungen. Meist sind es die innerstädtischen Beziehungen zwischen Mensch und Natur, die thematisiert werden. Werkreihen wurden u. a. in Hamburg, Berlin, Frankfurt, Friedrichshafen und Kopenhagen ausgestellt. 2015 gewann er den Eagle Eye Contest, ausgerufen vom Frankfurter Kunstverein und Trevor Paglen, mit einer Serie über die neue Zentrale des Bundesnachrichtendiensts in Berlin. Julian Slagman lebt und arbeitet in Hamburg und Berlin.

DJ: Ja, jetzt. Aber Foto-Nachbearbeitung hat es immer schon gegeben, das ist keine Erfindung der Digitalfotografie. Ich habe jahrelang analog mit der Fuji GA645 ZI fotografiert ...

JR: ... Eine tolle Kamera.

DJ: Davon hatte ich zwei Exemplare. Aber inzwischen gibt es keine 220er-Filme mehr, sondern nur noch 120er mit der Hälfte der Bilder, das heißt, man braucht für ein Shooting mindestens drei, vier Kameras oder muss langwierig Filme wechseln. Deshalb weiche ich jetzt auf Digitalkameras aus.

Ärgert es Sie, dass sich in Zeiten von Hipstamatic und Instagram alle Menschen für Fotografen halten?

DJ: Die können glauben, was sie wollen, sie sind es nicht.

JR: Aber irgendwie doch schon, es ist doch jede und jeder zum Kanal geworden.

DJ: Aber nicht zu Fotografen, nicht wirklich.

JR: Die Frage ist die Qualität des Kanals. Hat jemand nachgedacht, was er fotografiert.

DJ: Genau. Mein Motto: Wer viel denkt, muss nicht viel arbeiten. Natürlich finde ich es auch wichtig, mit guter Ausrüstung zu fotografieren.

Ist ein iPhone gut genug?

DJ: Ja.

Könnten auch Sie Ihre Bildideen mit dem Handy realisieren?

JR: Bisher habe ich das noch nicht hingekriegt. Aber jede Zeit hat ihre technischen Möglichkeiten, und dann ist es auch gut, dass man das am Bild erkennt. Jetzt ist eben die Zeit der Handys.

DJ: Ein Handyfoto reicht natürlich nur für bestimmte Formatgrößen, aber mit der richtigen Idee kann auch ein Handyfoto beeindrucken.

Womit wir wieder bei den Ideen wären.

JR: Manchmal denke ich, ich kann gar nicht so genial wie Daniel die Ideen aus mir heraus schöpfen, ich brauche Dinge da draußen, auf die ich fotografisch reagiere.

DJ: Julian, du gehst einfach zum Shooting, und das ist es. Ich lese mir nie Briefings durch, wenn ich redaktionell arbeite. Ich gehe hin, sage hallo und gehe wieder. Grundsätzlich. Einmal sollte ich für „brandeins" den designierten Wirtschaftsminister von Gerhard Schröder, Jost Stollmann, porträtieren. Ein gescheiter Mann, seine Kinder sprachen bestimmt zehn Fremdsprachen fließend, alles wahnsinnig beeindruckend. Aber ich wollte nichts über ihn wissen. Wir waren bei ihm zu Hause, er hatte ein privates Kino, und wir gingen da rein, ich habe das Licht ausgemacht, ihn an der Hand genommen und mich mit ihm im Kreis gedreht. Ich habe mit der Fuji einfach nur immer wieder abgedrückt, in totaler Schwärze. Das sind die besten Fotos geworden.

JR: Du bist einfach der beste Punk.

DJ: Es gibt aber auch Porträts, die scheiße sind, weil die Typen scheiße sind. Es muss schon rocken. Adrien Brody oder Michael Schumacher haben nicht gerockt.

Wie können Sie inzwischen fotografieren mit einer halbseitigen Lähmung seit dem Schlaganfall 2012?

DJ: Im Studio geht es, aber außerhalb bin ich eingeschränkt. Früher habe ich nie mit Stativ gearbeitet, jetzt geht es nicht mehr ohne. Leider gibt es keinen Assistenten, der die Kamera so hält wie ich.

Wie verändert das Ihre Arbeit?

DJ: Es ist für mich eine völlig neue Herangehensweise ans Fotografieren. Ich denke heute viel künstlerischer. Früher war ich einfach nur drauf und dran zu fotografieren. Heute denke ich stärker über die Titel nach, wie die Bilder später gehängt werden sollen, das ganze Drumherum.

Haben Sie einen Fototraum, selbst wenn er vielleicht unrealistisch ist?

JR: Ja. Ich habe wirklich schon davon geträumt, als Fotograf auf den Mond zu fliegen.

DJ: Echt? Auf den Mond? Wow.

JR: Auf die dunkle Seite.

DJ: Also ich würde nach wie vor gern die Rote-Nasen-Idee umsetzen. Mann, würde ich die gern machen!

Daniel Josefsohn, geboren 1961, und **Julian Röder**, geboren 1981, zählen zu den wichtigsten zeitgenössischen deutschen Fotografen. Josefsohn erlangte erstmals 1995 Bekanntheit durch die „Miststück"-Werbekampagne für den Musiksender MTV. Seine Fotografien bewegen sich scheinbar schwerelos zwischen Kunst und Kommerz, zwischen Provokation und Humor. Röders konzeptionelle Fotoserien beleuchten seit der Arbeit „The Summits" über Proteste bei G8-Gipfeln (2001 – 2008) oft Zusammenhänge von Macht und Ökonomie und changieren dabei zwischen Dokument und Inszenierung. **Vasco Boenisch** arbeitete lange Zeit als Kulturjournalist und ist Dramaturg der Ruhrtriennale 2015 – 2017.

in die Disco, lernte dort [die spätere Journalistin und Buchautorin, *Anm.*] Rebecca Casati kennen, die damals erst 19 Jahre alt war, und machte ein paar Fotos von ihr. Mit den Bildern ging ich zum Stadtmagazin „Prinz", um mich vorzustellen. Unten aus dem Fahrstuhl stieg gerade ein gewisser Wolfgang Tillmans aus. Am Ende bekamen wir beide den Job und haben uns als Szene-Fotografen bei „Prinz" ein Jahr lang Hamburg geteilt. Da habe ich festgestellt: Fotografieren, das kann ich.

Wie kam bei Ihnen der Entschluss, Fotografie zu lernen?

JR: Am Ende meiner durchwachsenen Schulkarriere in Ost-Berlin landete ich bei einem Versuchsprojekt für „Schulversager", bei dem man Praktika absolvieren konnte. Ich suchte mir die Bildredaktion der „Jungen Welt" aus, damals in der DDR das Zentralorgan des Jugendverbandes FDJ. Der Fotograf nahm mich mit zu seinen Einsätzen ...

DJ: ... Genau, so muss es laufen ...

JR: ... Und es machte mir Spaß zu sehen, wie im Fotolabor ein Bild entsteht, dieses Magische, was Fotografie hat.

DJ: Deshalb meine ich, dass man einen guten Mentor braucht.

Wer war Ihr Mentor?

DJ: Ich habe einem Fotografen assistiert und legte mich so sehr für ihn ins Zeug, dass ich es eigentlich für mich selbst machte. Es gab damals einen Werbejob für den Versandhandel Quelle, es sollte ein Rasenmäher fotografiert werden, der „Silberpfeil", in einer Hausauffahrt. Der Fotograf wollte eigentlich nach Spanien reisen. Spanien? Ich wollte viel lieber nach Amerika! Die ganze Bildidee klang viel mehr nach Amerika. Also schlug ich das vor. Der Fotograf war bis dahin noch nie in den USA gewesen, das war mein Trick. Ich kalkulierte hinter seinem Rücken, was das Shooting in Amerika kosten würde, und das war sogar 2000 Mark günstiger. Also fotografierten wir den „Silberpfeil" in Amerika.

Was können Sie jungen Fotografen raten?

DJ: Wenn sie wirklich jung sind: Geht woanders hin. Bleibt nicht in Berlin, sondern geht nach London, New York oder Los Angeles. Geht in ein Mietstudio, wo ihr vielleicht der 20. Assistent seid, ganz egal, Hauptsache: Augen auf! Bei den besten Fotografen der Welt Kaffee kochen – und zugucken.

JR: Ich selber habe tatsächlich nie einem Studiofotografen assistiert. Ich habe nie einen Bezug zu Studiofotografie entwickelt, leider.

DJ: Muss man ja auch nicht. Andere Möglichkeit: ein Praktikum beim Lichtverleih. Einfach mal ein halbes Jahr lang mitlaufen. Dann weißt du, was ein Gobo Head ist, wie die Kamera so und so heißt und so weiter. Das empfehle ich jedem. Knechten. Kein Geld, Hauptsache, du kommst durch – und machst die Augen auf.

Julian Röder hat das Magische beim Fotoentwickeln angesprochen. Das hat sich ja heute weitestgehend erledigt. Ist die Digitalfotografie mehr Fluch oder mehr Segen?

JR: Ich glaube, ein Segen. Aber Fotografen müssen ihre eigene Rolle neu hinterfragen.

Was ist heute das Selbstbild eines Fotografen?

JR: Der Fotograf von heute kann sich nicht mehr dadurch definieren, derjenige zu sein, der im richtigen Moment am richtigen Ort war. Denn die ganze Welt ist schon dort, und die Bilder laufen in Sekundenschnelle um den Globus. Als Fotograf ist man gezwungen, sich sehr genau zu überlegen, warum man fotografiert und was.

DJ: Deshalb ist die Idee so wichtig.

Und zu welchem Schluss sind Sie für sich selbst gekommen?

JR: Bilder sind immer noch wichtig, um sich über die Welt Gedanken zu machen. Entscheidend ist der Kontext eines Fotos. Bei Daniel Josefsohn sind das die Titel. Bei mir sind es Bildserien, also die Kombination verschiedener Motive zu einem Thema.

Wollen Sie Geschichten erzählen?

JR: Ja und nein. Geschichten haben einen Anfang und ein Ende. Aber so ist die Welt ja nicht. Fotoserien können auch offen sein, ein Fragezeichen. Ein Anlass zum Weiterdenken.

Inwiefern hat die Digitalisierung die Fotografie verändert?

DJ: Ob analog oder digital ist im Grunde völlig egal. Es ist die Idee und nicht die Kamera, die zählt.

Dennoch geben Sie Ihre Aufnahmen in die Postproduktion, Stichwort Photoshop.

Was macht aus einem Demonstrationsfoto vom G8-Gipfel ein universelles Bild?
JR: Auf solchen Veranstaltungen hat man es ja viel mit Plakaten, die hochgehalten werden, zu tun. Das ist schnell langweilig. Ich wollte Bilder finden, die allgemeingültig sind. Erst habe ich intuitiv gearbeitet, später habe ich mir Vorbilder aus der Kunstgeschichte gewählt, Caspar David Friedrich oder historische Schlachtengemälde, und gezielt bei der Motivsuche darauf hin gearbeitet.
DJ: Reportagefotografie ist einfach cool.
JR: Aber nicht mit dem pseudo-dokumentarischen Statement: Schaut her, so ist die Welt.
DJ: Vielleicht doch.
Sehen Sie sich denn als Reportagefotograf? Die meisten dürften bei Daniel Josefsohn an inszenierte Motive denken.
DJ: Aber die paar Reportagen, die ich gemacht habe, waren für mich der Himmel auf Erden. Man braucht sich nichts auszudenken, sondern muss nur die Augen aufmachen. Und die aber richtig weit.
Was wäre heute ein Reportagethema für Sie?
DJ: Folgende Idee habe ich dem ZEIT Magazin vorgeschlagen, konnte sie aber noch nicht umsetzen: Es gibt eine Kreuzung am Gazastreifen, wo sich die Straßen nach Israel, Gaza und nach Ägypten treffen. An genau dieser Grenze liegt eine riesengroße Tankstelle. Dort ist zum ersten Mal wieder westliche Welt. Dort kann man richtigen Kaffee trinken, dort lässt sich der General von der Soldatin einen blasen, alles passiert an dieser Tankstelle. Alles kommt da vorbei. Ich möchte mich eine Woche dorthin setzen und einfach fotografieren, was passiert. Ein Traum.
Woran erkennt man ein gutes Foto?
DJ: Man weiß es einfach. Das kann ich nicht definieren. Für meine Fotografien sind die Titel genauso so wichtig wie das Motiv. Zum Beispiel „Fleurop" – wenn du nur einen Gewehrlauf siehst, der aus einer Blumenhecke hervorlugt. Oder Titel wie „Jewing Gun" oder ganze Sätze wie „Vorsicht, wenn rechts versucht, mit links zu überholen". Oder eben „BUDE BETT BARGELD". Die Idee sind die Namen.
Haben Sie erst einen Titel und dann das Motiv?
DJ: Das ist unterschiedlich. Meistens erst das Foto, dann den Namen. Aber wenn ich selbst etwas für „BUDE BETT BARGELD" fotografiere, dann war der Titel zuerst da.
Wenn Sie sich für das Foto „Guns & Moses" mit einem weißen Stormtrooper-Helm auf dem Kopf, bekannt aus „Star Wars", vor die Klagemauer in Jerusalem stellen, warum fotografieren Sie solch ein Motiv?
DJ: Aus Scheiß. Ganz ehrlich. Aus Scheiß. Auf jeden Fall geht es nicht um „Star Wars", es könnte auch eine Mülltüte sein, nur sieht der Helm natürlich besser aus. Ich mache es, weil ich es einfach machen will.
JR: Aber diese Idee mit den roten Clownsnasen in Afghanistan, die ist zwar auch „aus Scheiß", sie geht aber viel weiter.
DJ: Bei der Rote-Nasen-Idee geht es um Erfolg.
JR: Erfolg für denjenigen, der das Foto macht?
DJ: Exakt. Weil es so ein krasses Ding ist und du von null auf hundert sofort weltberühmt wirst. Wie der Turner-Preis, nur anders.
Inwiefern kann man Fotografie lernen?
DJ: Lernen kannst du Fotografie, indem du einen verdammt guten Mentor hast. Von dem lernst du, ein gutes Auge und gute Ideen zu haben.
Was haben Sie beim Fotografie-Studium gelernt?
JR: Ich hatte zwar auch ganz gute Mentoren, aber ich denke, dass man das Meiste über Fotografie lernt, indem man ein Thema verfolgt, das einen richtig umtreibt und über das man etwas rausfinden will, was man dann mit Fotografie versucht. Man lernt durchs Machen und Sich-Aufreiben.
Wann war Ihnen bewusst, dass Sie Fotograf sein wollen?
DJ: Da muss ich etwas ausholen. Ich bin als junger Mann viel Skateboard gefahren, hatte ein tolles Leben, doch nach einem Bänderriss bin ich abgestürzt. Keine glorreiche Zeit. Danach stellte sich die Frage: Was willst du jetzt eigentlich machen? Ich hatte nichts gelernt. Am 1. Mai 1989, das Datum werde ich nie vergessen, lieh mir ein Freund 300 Mark, und ich kaufte mir einen Fotoapparat, weil ich dachte: vielleicht was mit Medien. Abends ging ich mit der Kamera in Hamburg

Reporter, Künstler, Punk

Daniel Josefsohn und Julian Röder im Gespräch mit Vasco Boenisch über Karriereschritte, das richtige Motiv, Fotografieren im Handyzeitalter – und einen unerfüllten Traum.

Zwei der profiliertesten deutschen Fotografen, und doch zwei ganz unterschiedliche Arbeitsweisen. Aus Ihnen, Julian Röder, wäre ja fast ein politischer Fotojournalist geworden.
Julian Röder: Das war, als ich 2001 mit meinen Fotos vom G8-Gipfel in Genua zurückkam. Eigentlich war ich nur zum Demonstrieren nach Genua gefahren, fotografierte nebenbei, doch als ich die Bilder sah, wollte ich der sein, der der globalisierungskritischen Bewegung ein Gesicht gibt.
Es war der Startpunkt für die Werkserie „The Summits", und Sie erhielten dafür den Deutschen Jugendfotopreis.
JR: Zeitungen und Zeitschriften meldeten sich bei mir, die mich für die Masterclass der World-Press-Photo-Stiftung vorschlugen. Mir war dieser Hardcore-Kriegs- und Elends-Fotojournalismus aber suspekt. Ich wollte nicht aus meiner privilegierten Perspektive auf das Elendsgeschehen blicken und damit die Leerstellen zwischen den Werbeanzeigen füllen, so dachte ich damals.
Was wollten Sie stattdessen?
JR: Ich wollte richtig Fotografie studieren und ging nach Leipzig an die Hochschule für Grafik und Buchkunst. Das war mit Anfang 20. Allerdings gefiel es mir dort auch nicht richtig, es fühlte sich zu gewollt elitär an. Teilweise kam es mir vor, als ob sich dort viele bemüht Themen suchten, einfach um ein Thema zu haben, mit dem man sich dann akademisch befassen konnte. Es wirkte nicht so, als ob Auseinandersetzung da aus einem inneren Bedürfnis passierte.
Daniel Josefsohn: Julian, wenn zu unseren Kursen Teilnehmer kommen mit diesen großen schwarzen Bildmappen – gleich rausschmeißen!
Warum?
DJ: Wenn ich mir vorstelle, ich wäre Bildredakteur bei der ZEIT, und da kämen junge Fotografen mit diesen Bewerbungsmappen an, ich würde durchdrehen. Das ist zwar alles lieb gemeint, aber darauf kommt es nicht an. Nicht darauf, wie es gemacht ist. Sondern entscheidend ist die Idee.
JR: Natürlich kommt es auf die Idee an. Aber schon auch auf die Form.
DJ: Ich gebe dir ein Beispiel aus dem Bereich Kriegsfotografie. Ich hatte eine richtig geniale Idee. Damals besaß ich nur einen israelischen Pass, aber mein Assistent hatte die Möglichkeit, mit der Bundeswehr nach Afghanistan zu reisen und dort Kindergärten und NGO-Projekte zu besuchen, zwei-, dreimal im Jahr. Aber er kam nie mit Fotografien zurück. Das war mir unerklärlich. Also beauftragte ich ihn mit folgendem Projekt: Geh in einen Scherzartikelladen, kauf dir hundert rote Clownsnasen aus Schaumstoff, stecke hundert Dollar ein, fahre nach Afghanistan, geh ins Krankenhaus, wo vielleicht gerade den Menschen die Beine amputiert worden sind und die Familien am Bett weinen – und setze denen diese roten Nasen auf. Gib ihnen zehn Dollar und mach ein Foto. Mach ein Foto von einem Sniper mit einer Gasmaske und einer roten Nase. Von einem Brigadegeneral, im Hintergrund Merkel beim Truppenbesuch – rote Nase. Und so weiter. Krieg ad absurdum.
JR: Das ist brutal.
DJ: Natürlich! Megabrutal. Aber es ist auf den Punkt: Wie krank dieser Krieg ist. Wenn mein Assistent zehn Fotos dieser Art mit roten Nasen zurückgebracht hätte, hätte er jeden Fotopreis der Welt für Reportage gewonnen. Er wäre mit einem Schlag weltberühmt gewesen. Aber er kam wieder, nach drei Reisen, mit einem einzigen Bild, darauf ein Soldat mit roter Nase – an die Seite seines Helms geklebt. Ich habe ihn rausgeworfen.
Wenn Sie auf einer Messe für Kriegsgerät fotografieren wie 2011 für die Reihe „World of Warfare", worauf achten Sie dann?
JR: Es geht um verdichtete Aussagen. Skurrile Momente, fast comicmäßig. Etwas, was beinahe zu absurd ist, um wahr zu sein. Zunächst sammle ich sehr schnell, und später editiere ich dann.
DJ: Fotografie braucht auch Zeit.
Wo hört denn Reportagefotografie auf und fängt Kunstfotografie an?
JR: Bei universellen Bildern.

Junge Fotografie

Junge Fotografie. Was soll das sein? Kann Fotografie denn altern? Kann sie Falten bekommen, aus der Mode geraten, anstauben, vertrocknen? Wieder neu geboren werden? Ja, sie kann.

Fotografie ist die Kunst des Moments, des buchstäblichen Augenblicks. Und im selben Moment die Kunst der Ewigkeit, der Dokumentation. Fotografie ist Spiel mit Vergänglichkeit und Vision.

Längst jedoch ist die Simultaneität in die Fotografie eingezogen. Die Digitalisierung hat die Arbeitsweise von Fotografen revolutioniert. Sie hat ihre Arbeit demokratisiert. Millionen Bilderfänger und Selbstdarsteller bannen die Welt auf Smartphone-Format, und in Sekundenschnelle gehen „Momente" um den Globus. Das 21. Jahrhundert ist das Jahrhundert der Profilfotos, Selfies und Snapshots, der virtuellen Bilderflut.

Zeit für eine Selbstbestimmung. Die Welt war nie so visuell wie heute.

Zeit für einen neuen, bestimmten Blick. Für Fokussierung und Kontextualisierung.

Dieser Katalog versammelt Werkserien von vier jungen deutschen Fotografinnen und Fotografen. Ihre Bilder entstanden in Meisterkursen von Daniel Josefsohn und Julian Röder bei der Ruhrtriennale 2016. Das Festival der Künste in der Metropole Ruhr bot im Rahmen des Nachwuchsprogramms Campustriennale ausgewählten jungen Fotokünstlerinnen und Fotokünstlern die Chance, ihre kreativen Visionen mit professioneller Unterstützung zu realisieren.

Daniel Josefsohn wählte das Thema „BUDE BETT BARGELD", frei nach der Überlegung: Wo du lebst, wo du liebst, und wofür du dein Geld ausgibst.

Julian Röder formulierte das Motto „Licht unserer Tage", eine allegorische Anspielung auf Sichtbares und Unbeachtetes, auf Fortschritt, Vergangenheit und Erleuchtung.

Die Bildserien – für die auch Josefsohn und Röder eigene neue Werke fotografierten – reflektieren diese Titel sowie das Ruhrgebiet, eine der spannendsten postindustriellen Umbruchregionen Europas und Ballungsraum mit fünf Millionen Menschen. Louisa Boeszoermeny, Jakob Ganslmeier, Gregor Schmidt und Julian Slagman suchen mit der Kamera Bilder, die sich nicht „versenden". Sie suchen Blicke, die lange vor dem inneren Auge bestehen. Sie alle sind um das Jahr 1990 geboren. Sie gehören zur neuen Generation künstlerischer und konzeptioneller Fotografinnen und Fotografen, die die großen Ahnherren der Fotokunst kennen, aber vom Heute aus ihre eigene Bildsprache formulieren.

Ihre Fotoarbeiten zeugen, auf unterschiedliche Art, von einem seismographischen Gefühl für das Leben und das Lebensgefühl dieser Zeit. Sie eint der Wille, dem Flüchtigen unserer rasenden Bilderkultur etwas entgegenzusetzen. Blicke zu bannen und Gedanken zu verankern. Oder wie es Julian Röder im Gespräch für diesen Katalog formuliert: „Bilder sind immer noch wichtig, um sich über die Welt Gedanken zu machen."

Das hält jung. Uns und die Fotografie.

Vasco Boenisch

Lufthansa Senator Card
Baggage Tag

DANIEL JOSEFSOHN
6155 ROCKCLIFF DRIVE
LOS ANGELES CA 90068
USA

LAX GP

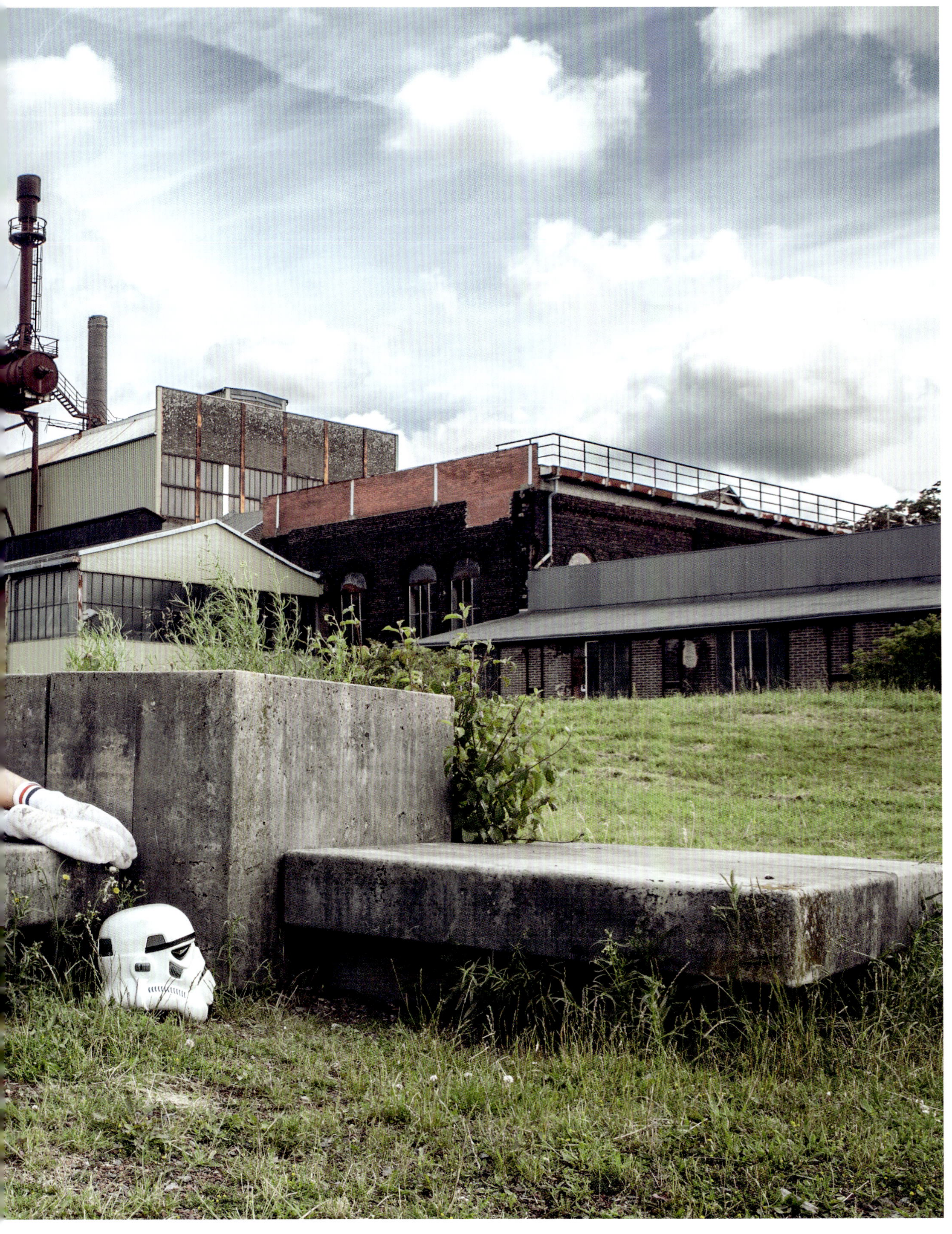

Daniel Josefsohn

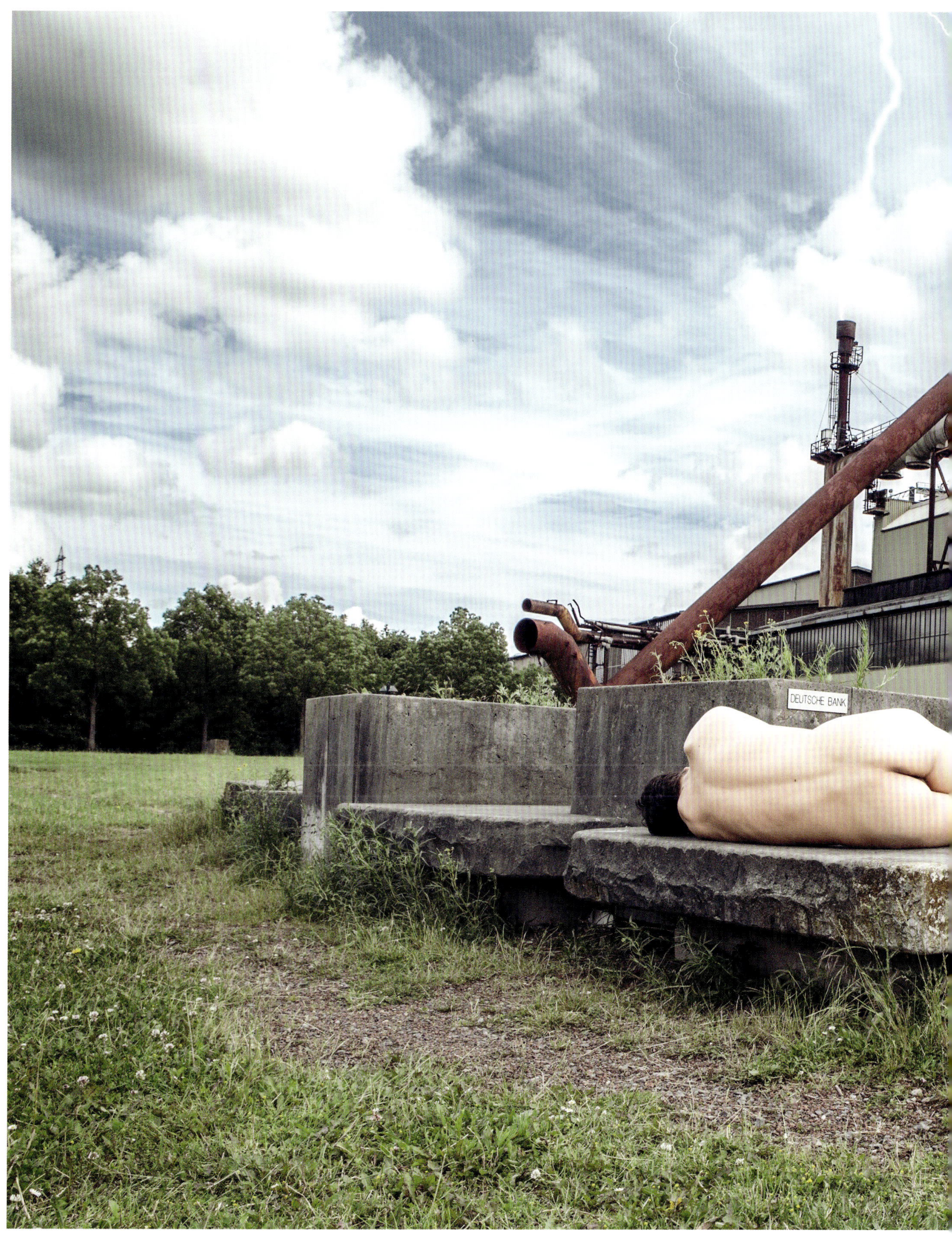
DEUTSCHE BANK

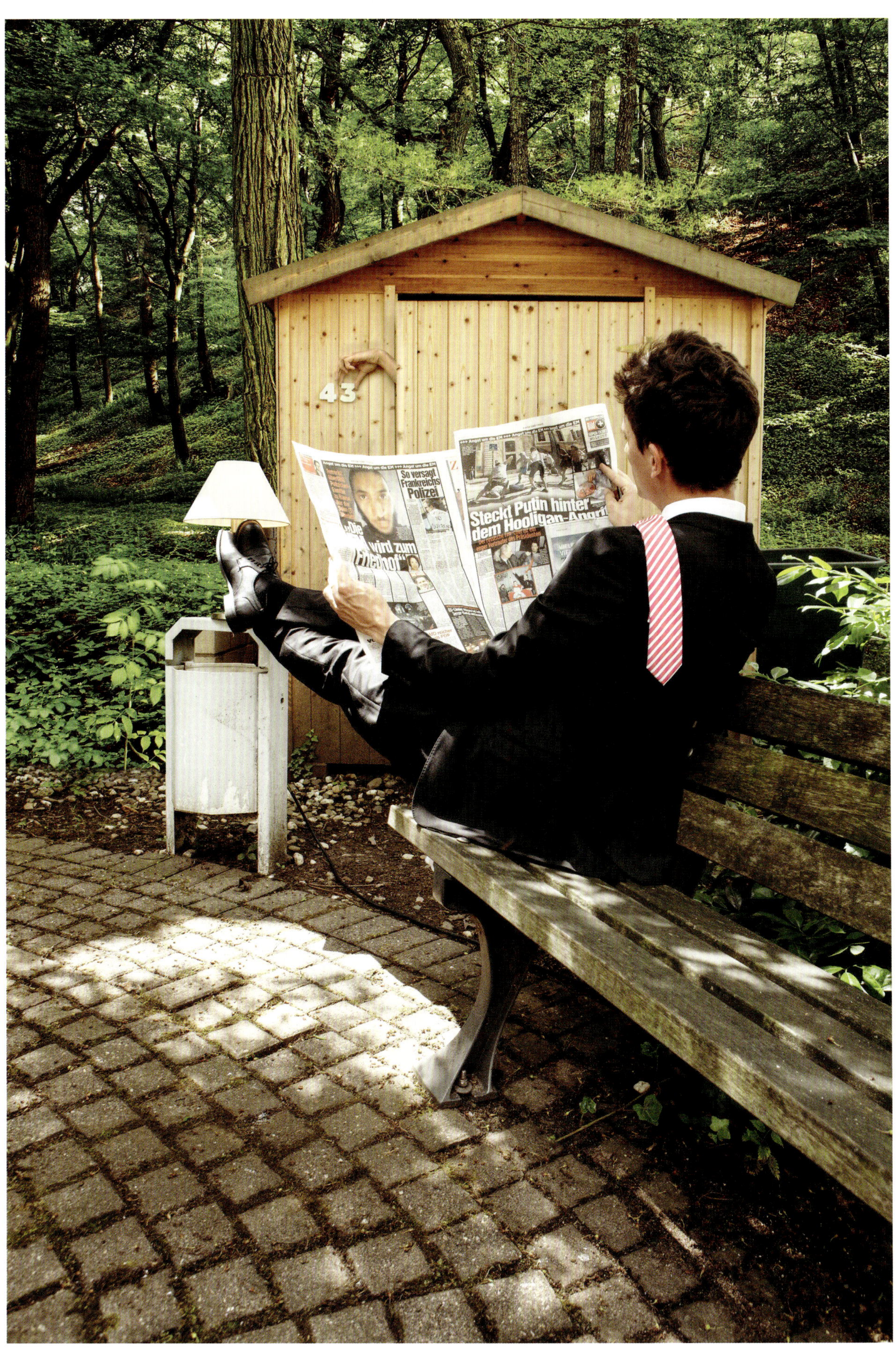
43
So versagt Frankreichs Polizei
„Die … wird zum Friedhof"
Steckt Putin hinter dem Hooligan-Angriff

BUDE

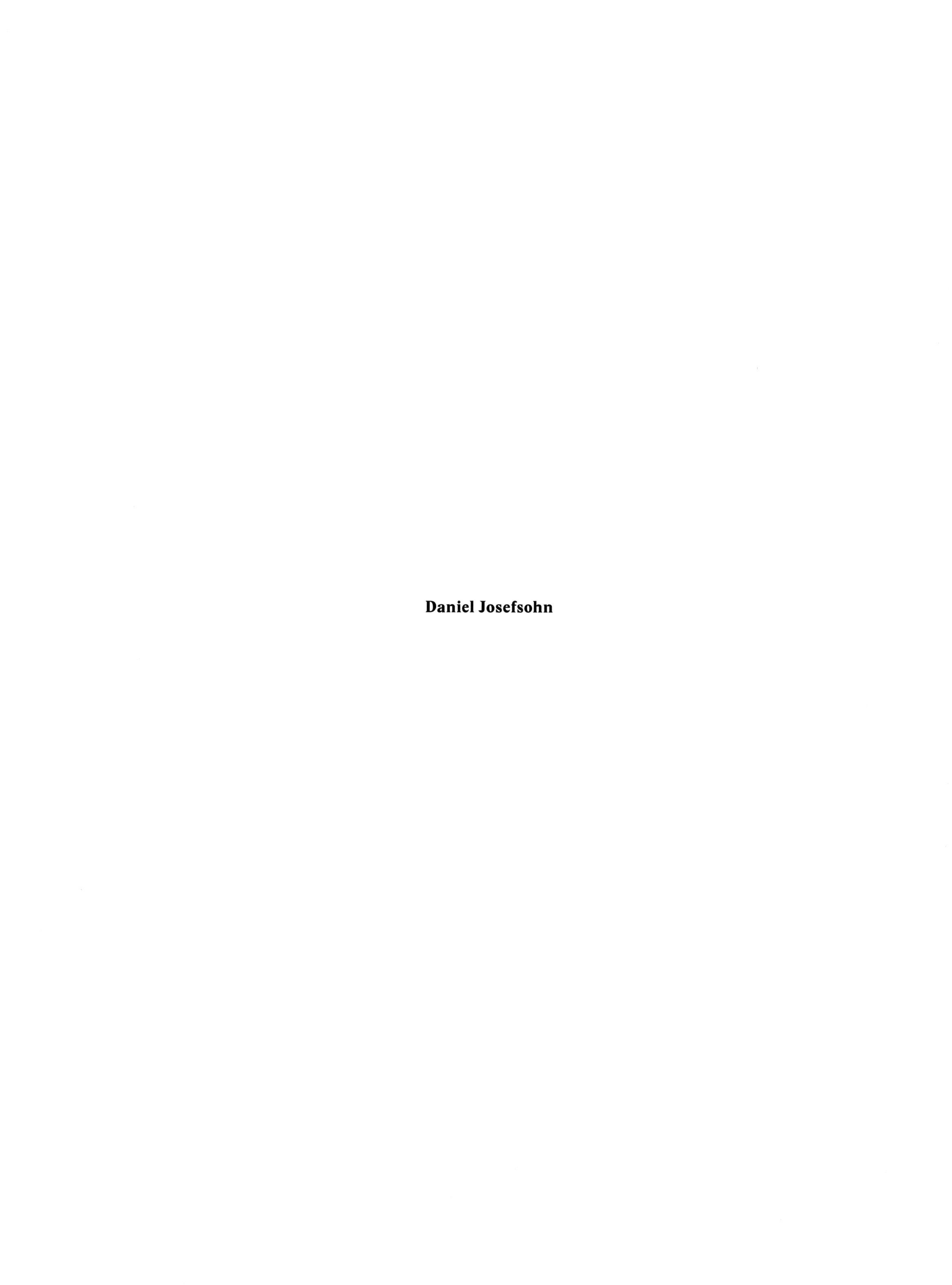

Daniel Josefsohn

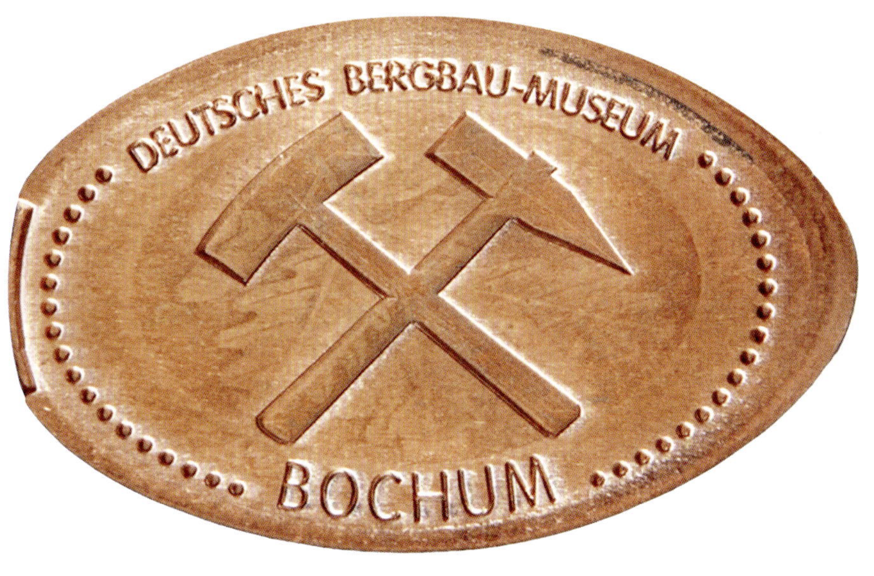
DEUTSCHES BERGBAU-MUSEUM
BOCHUM

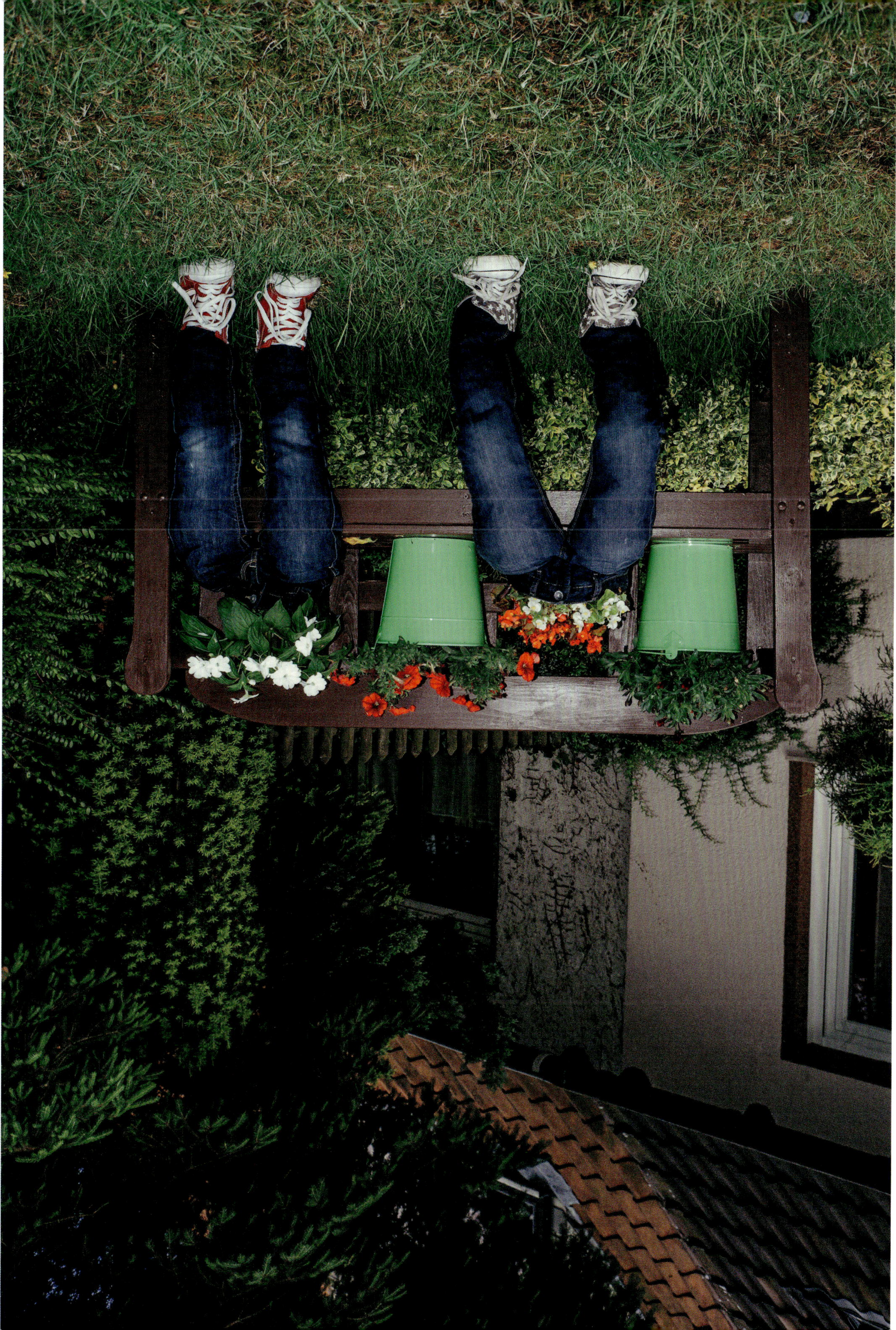

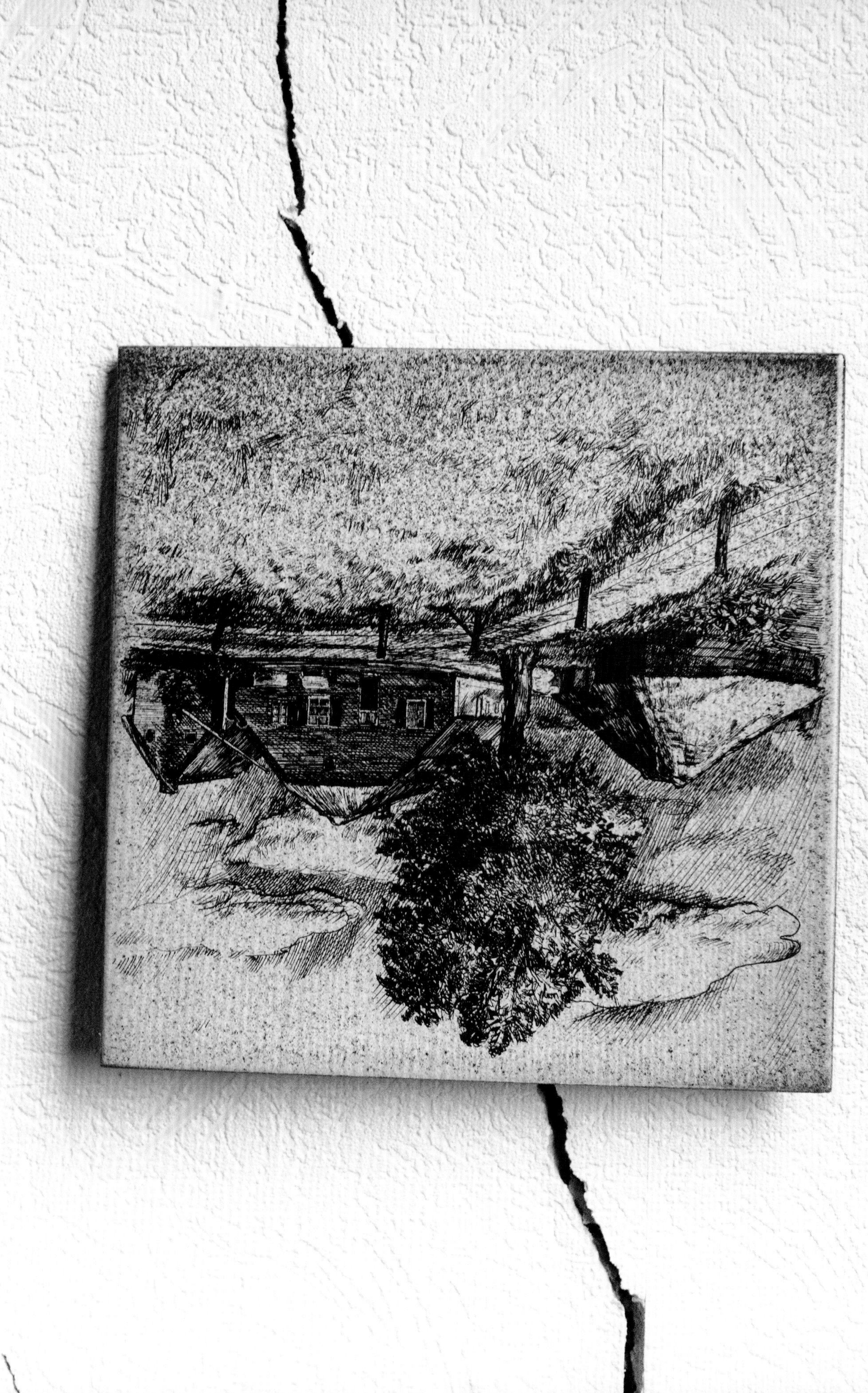

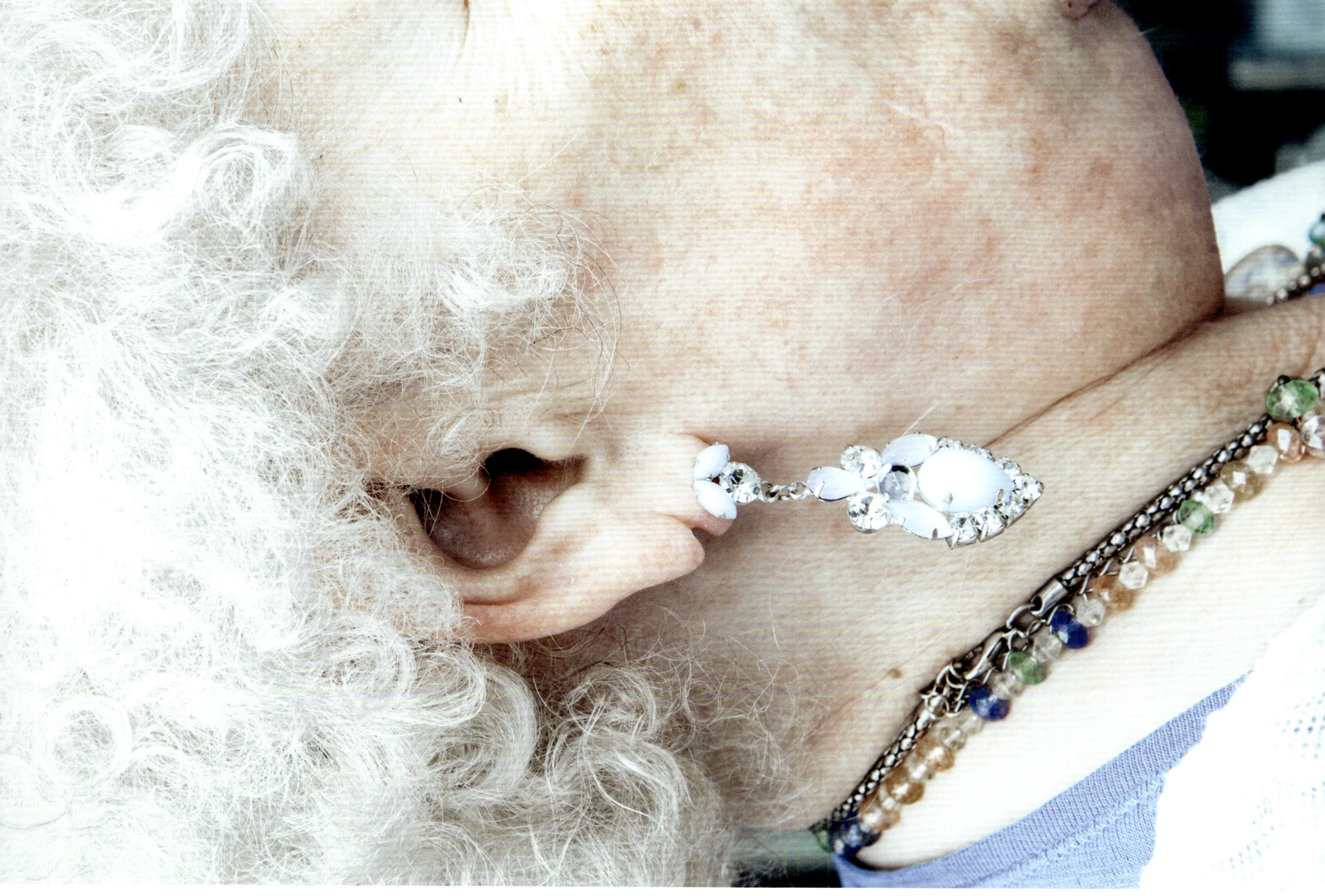

Julian Slagman

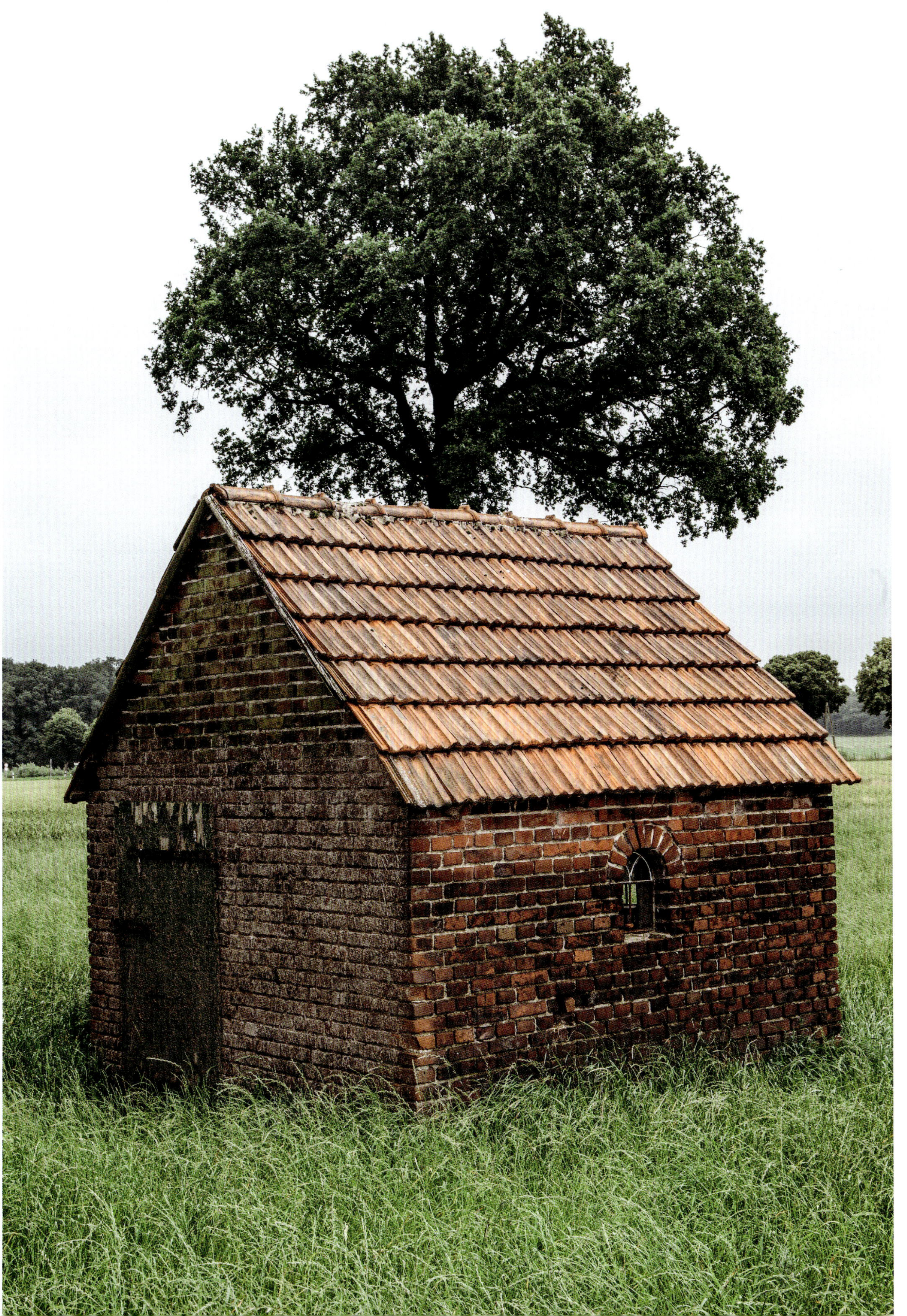

Julian Slagman

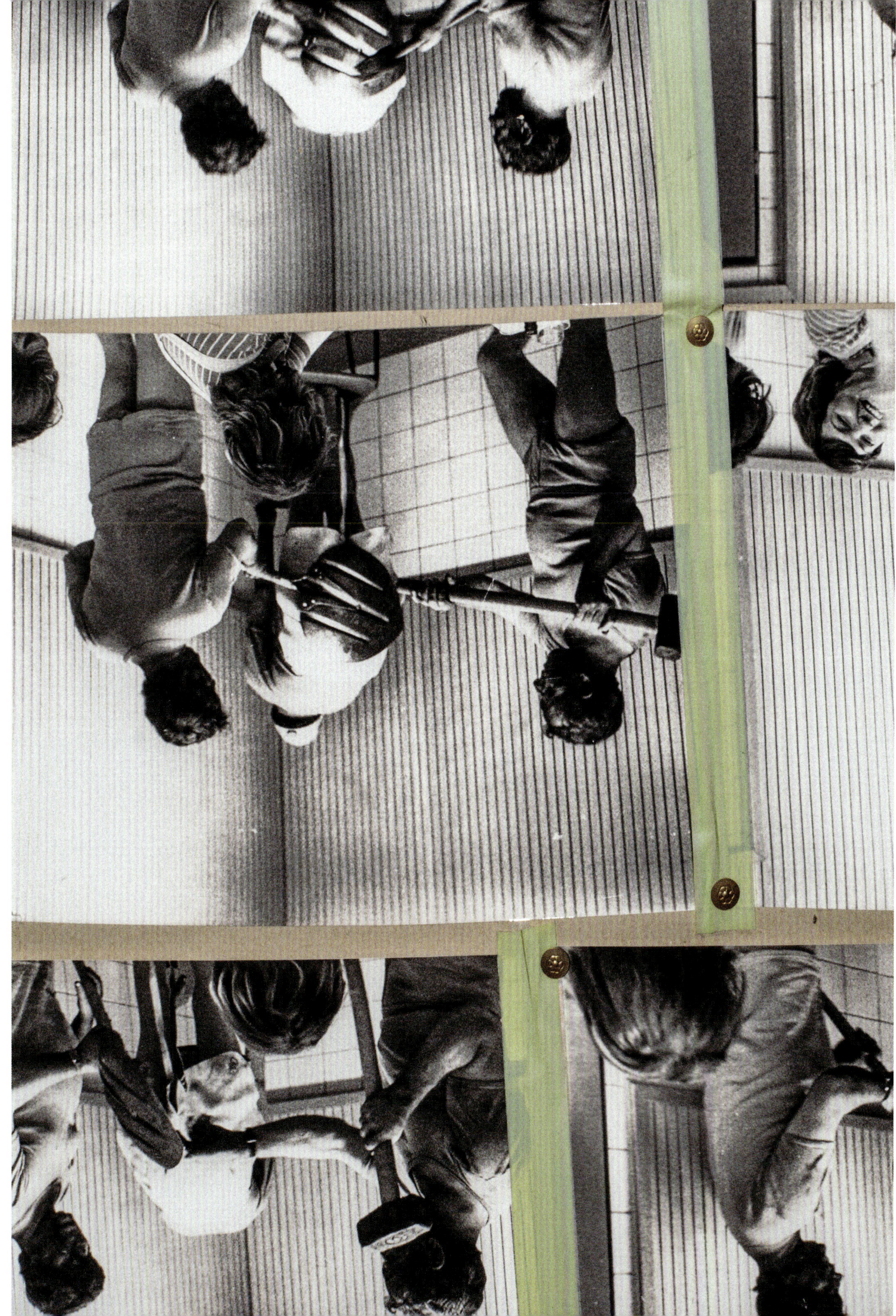

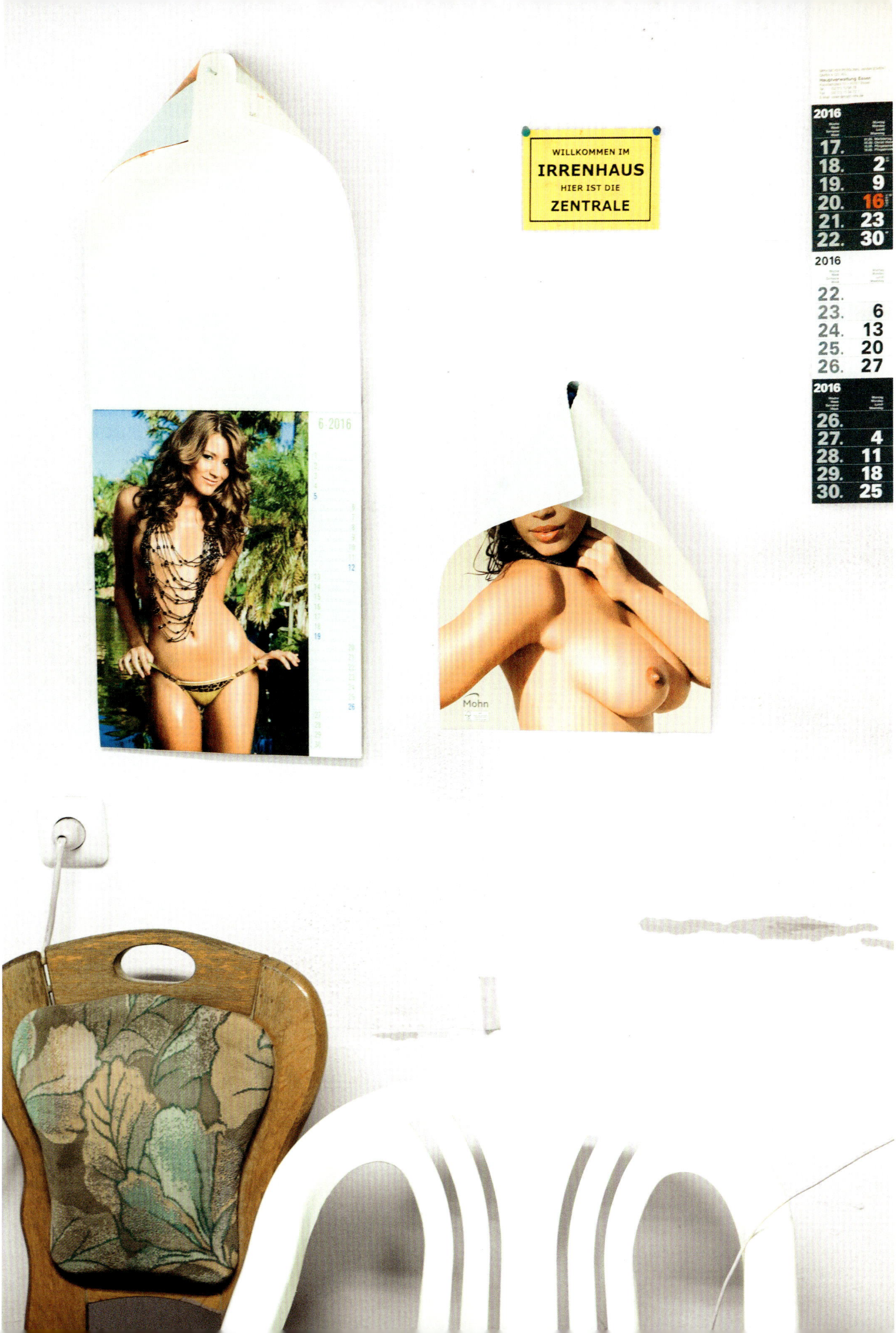

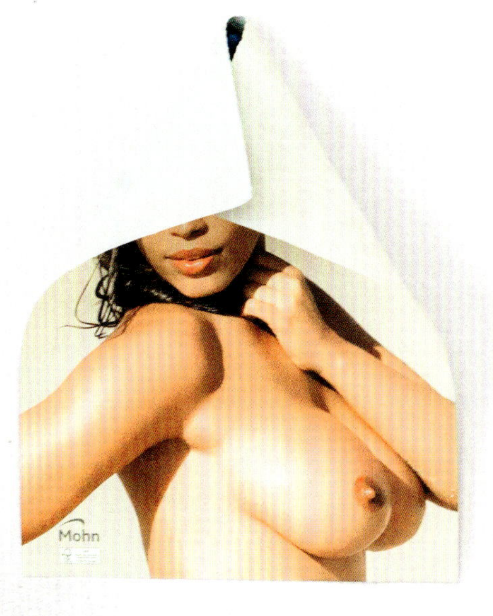
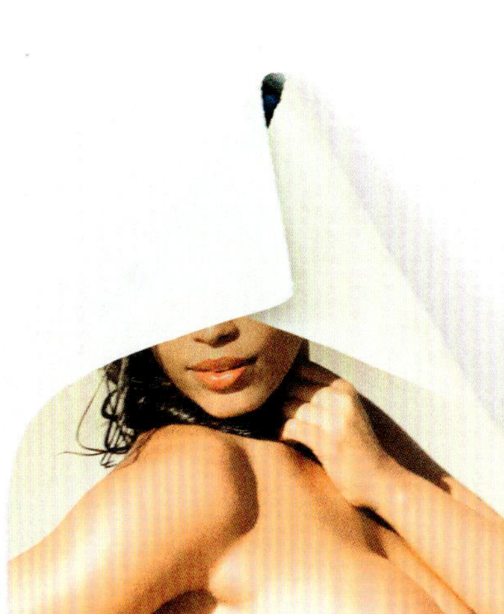
WILLKOMMEN IM
IRRENHAUS
HIER IST DIE
ZENTRALE
6 2016
Mohn

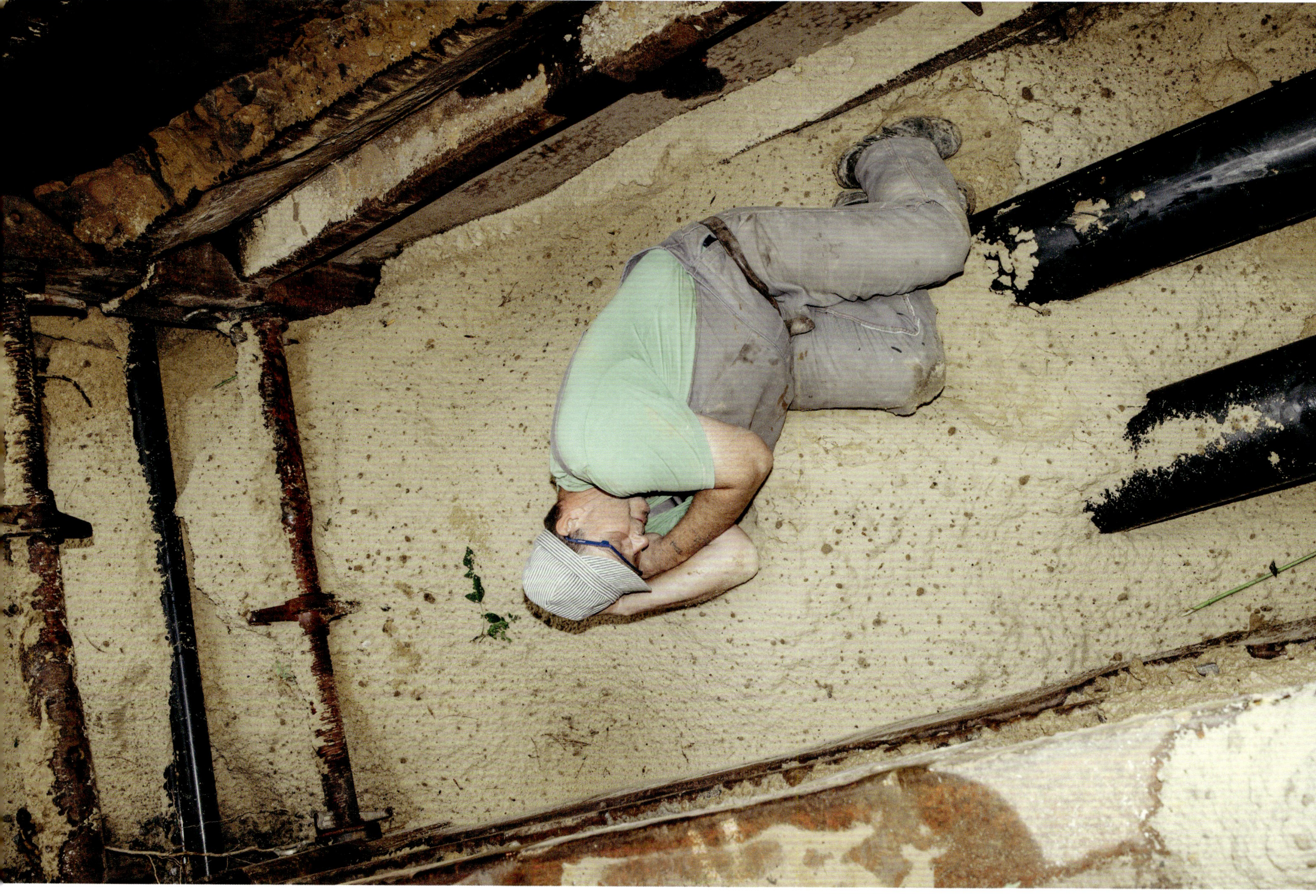

Julian Slagman

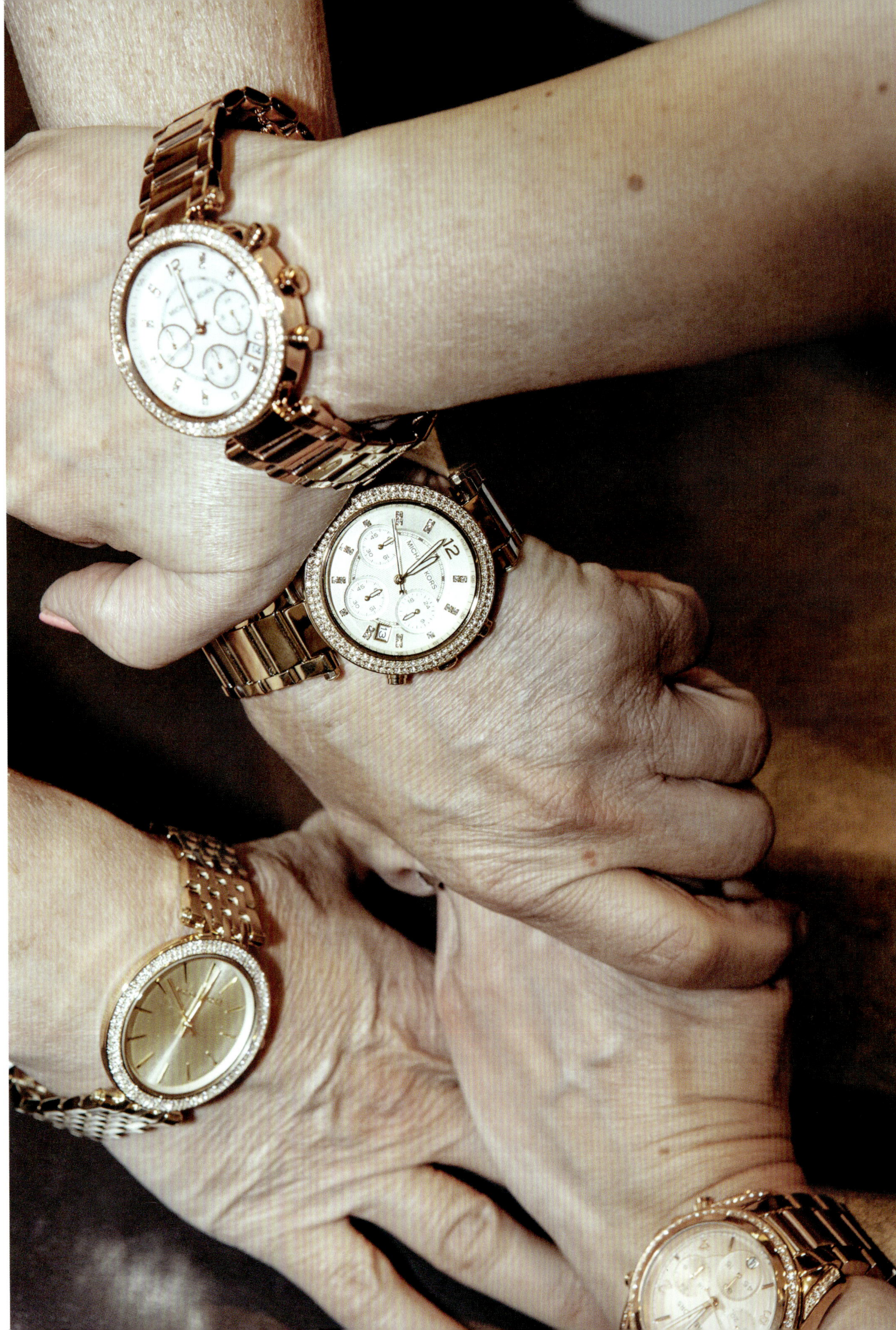

Julian Slagman

Mutterland

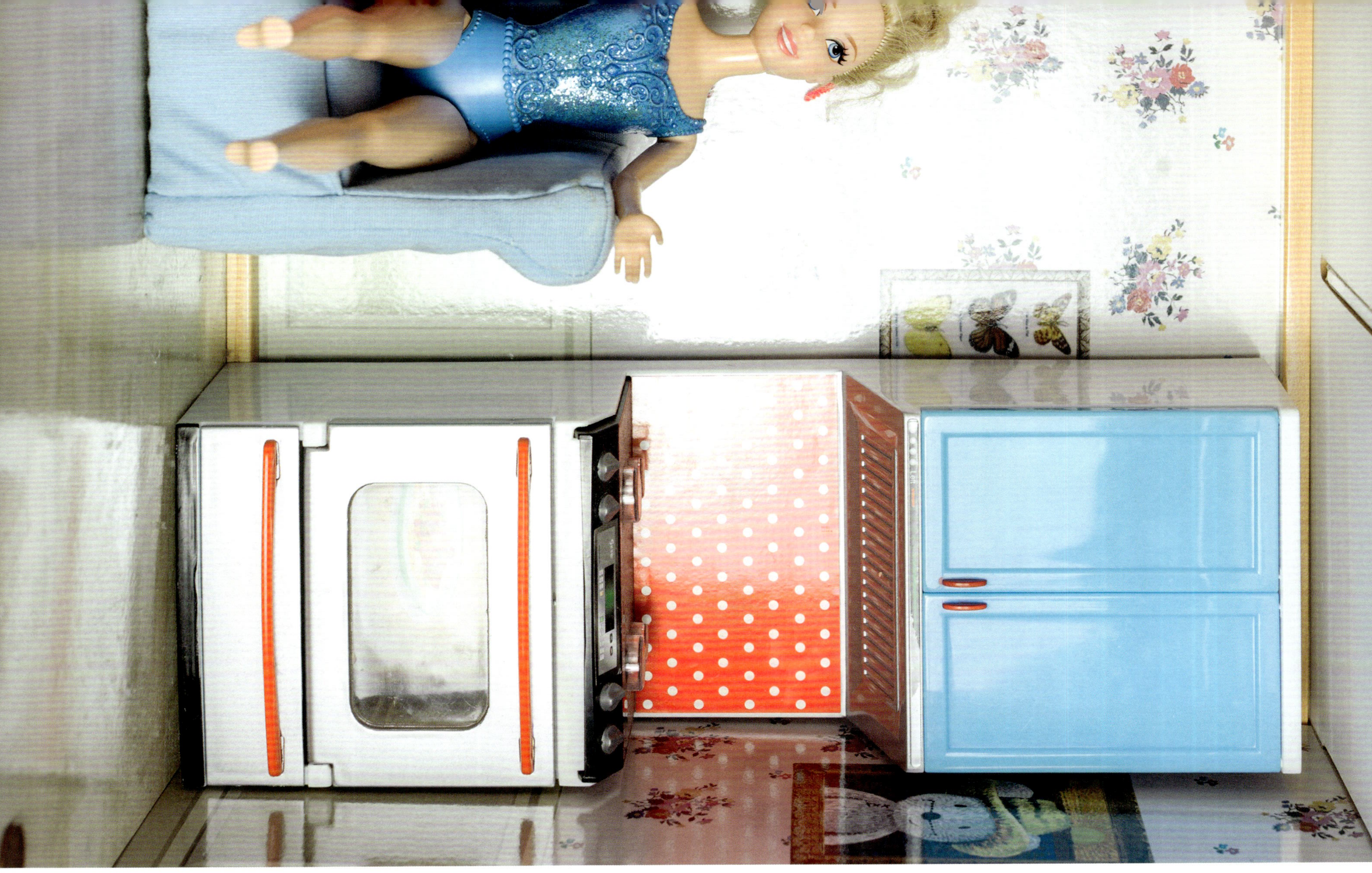

Gregor Schmidt

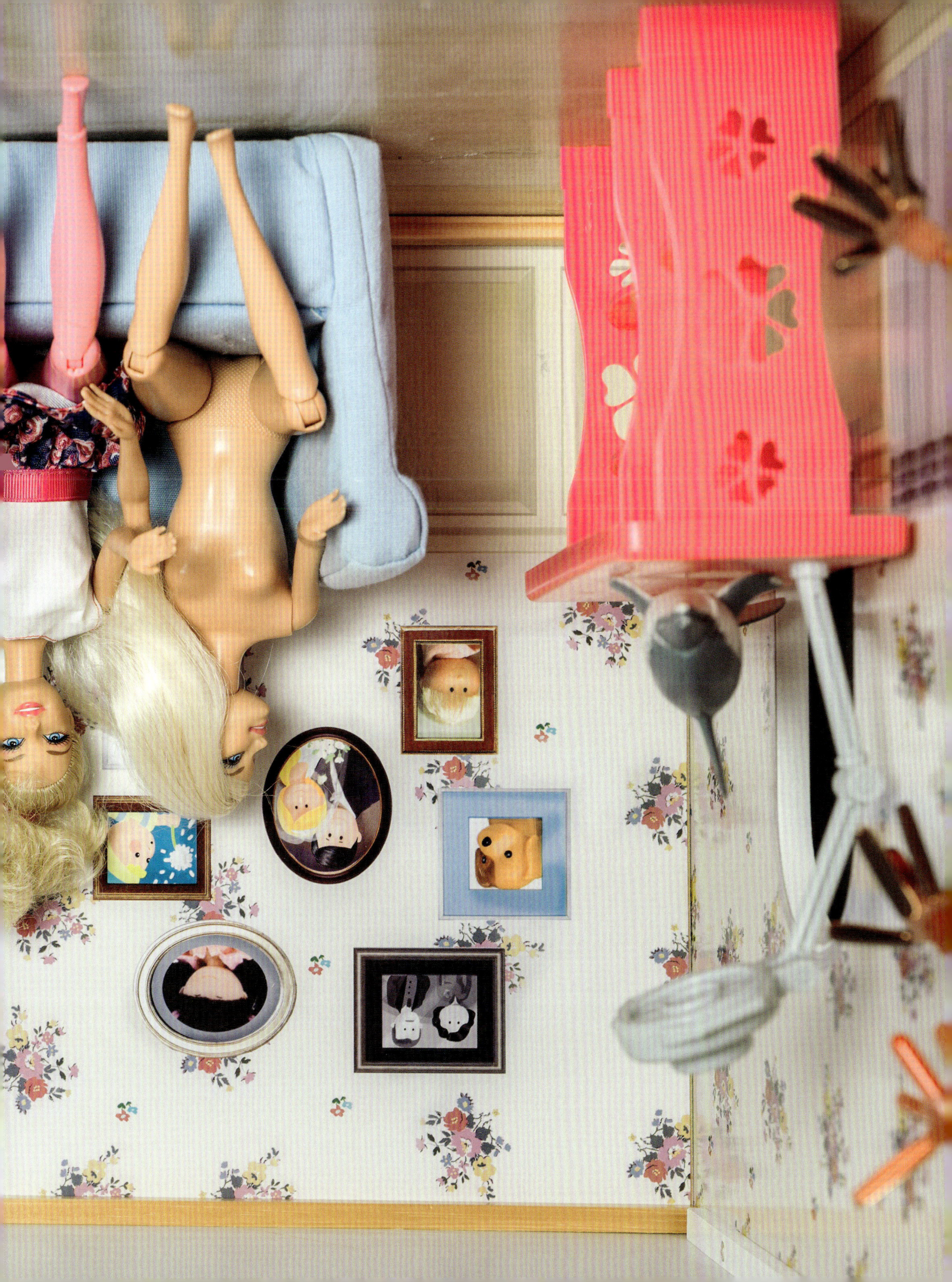

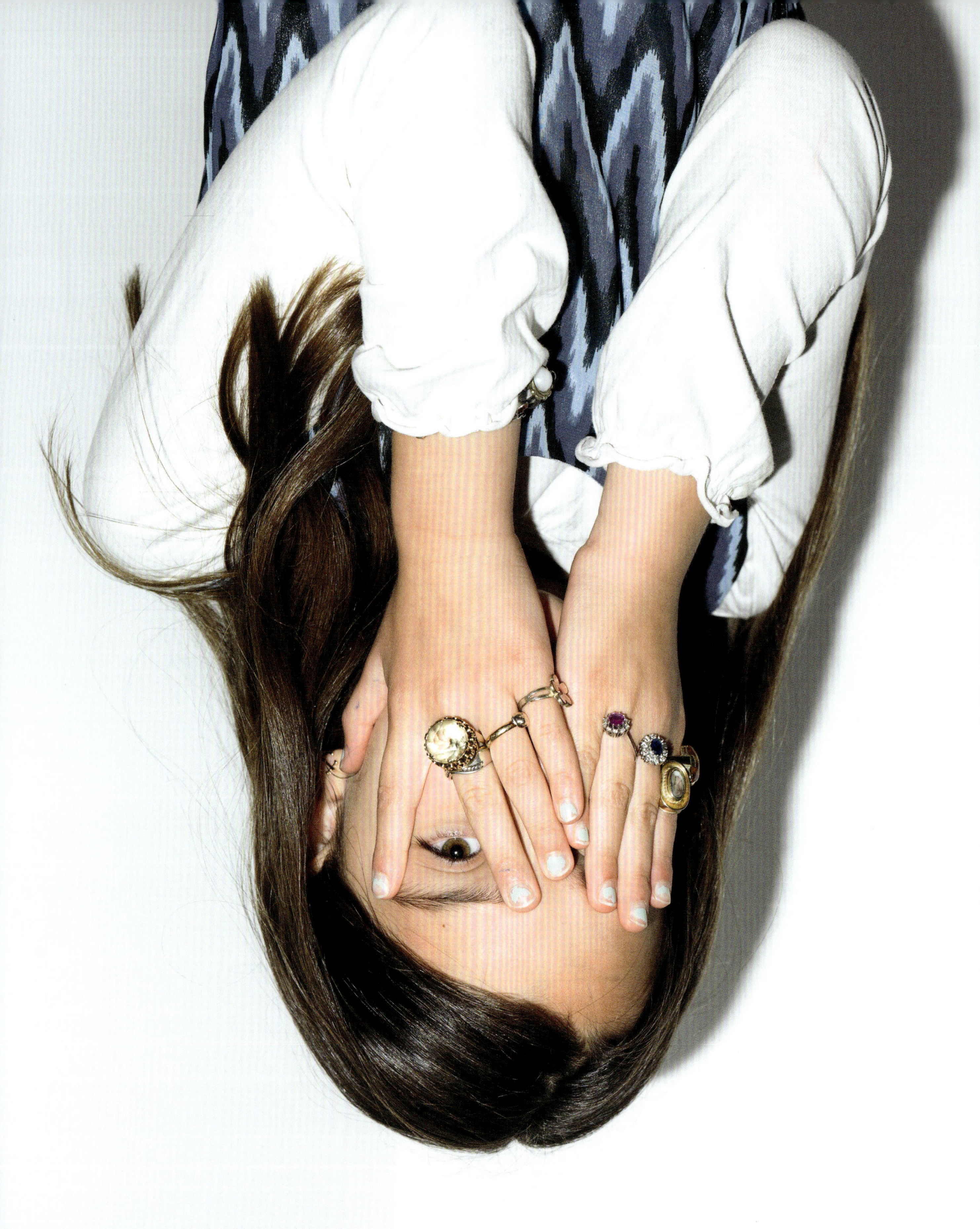

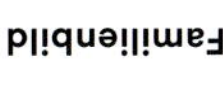

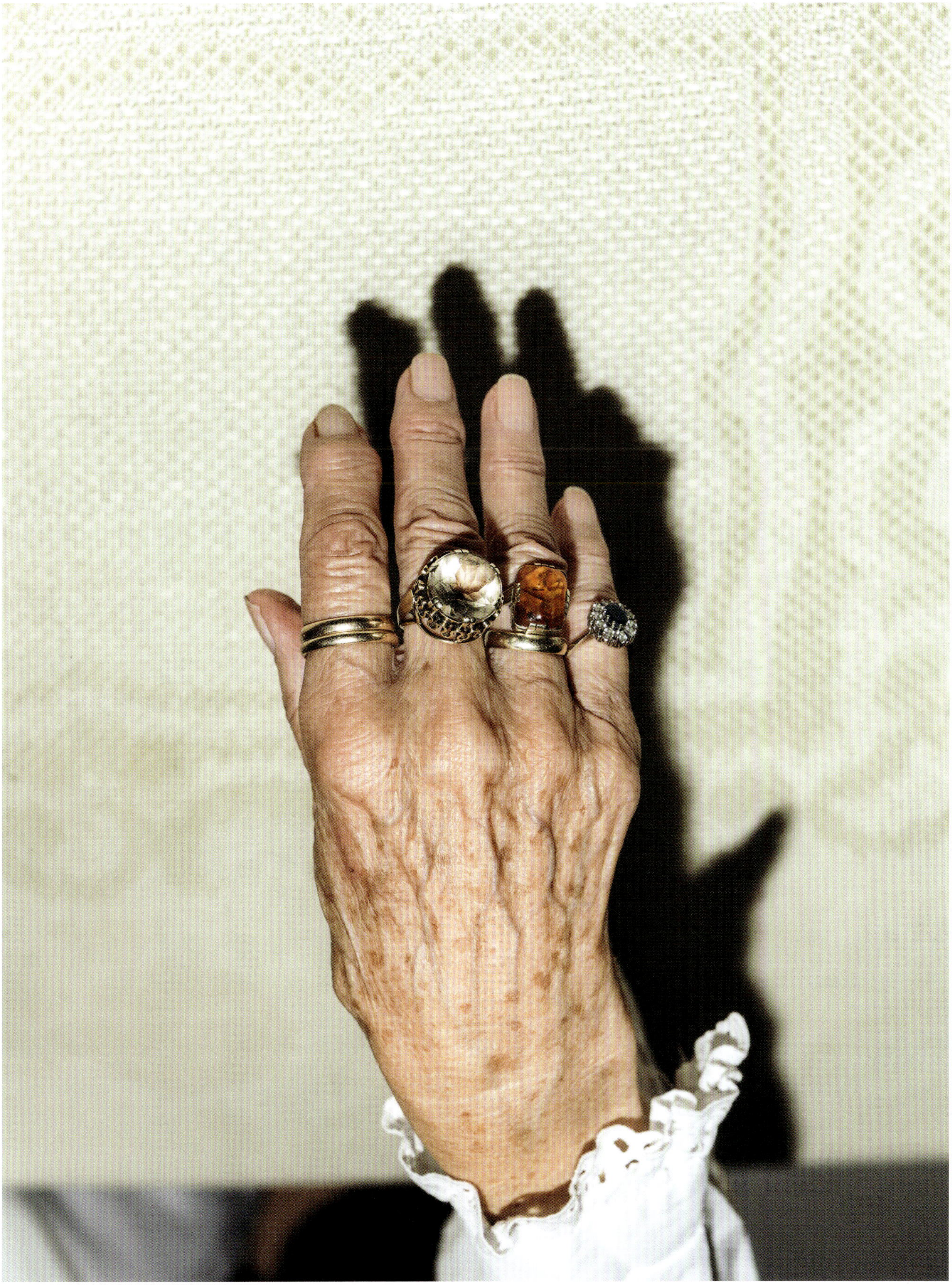

Gregor Schmidt

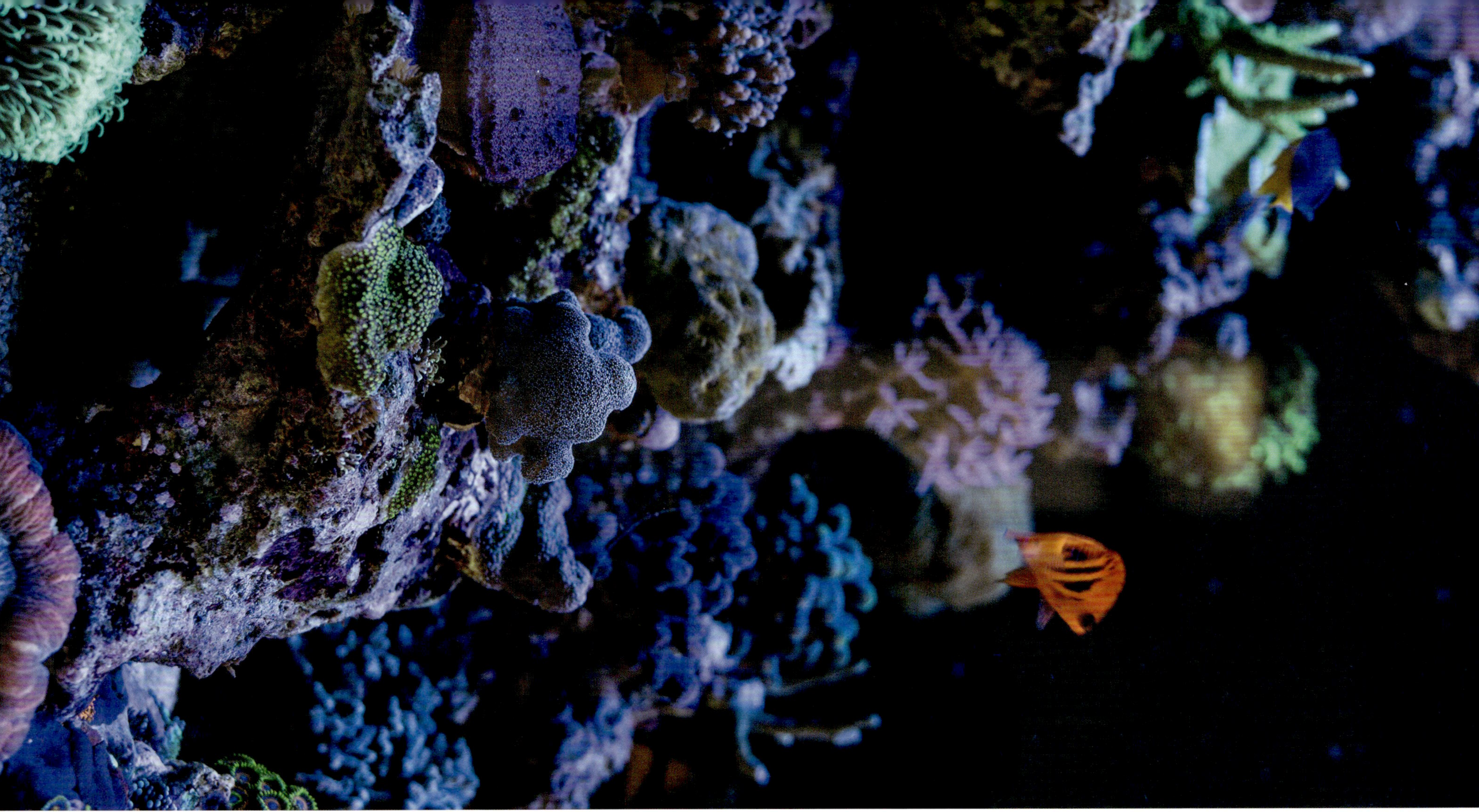

Gregor Schmidt

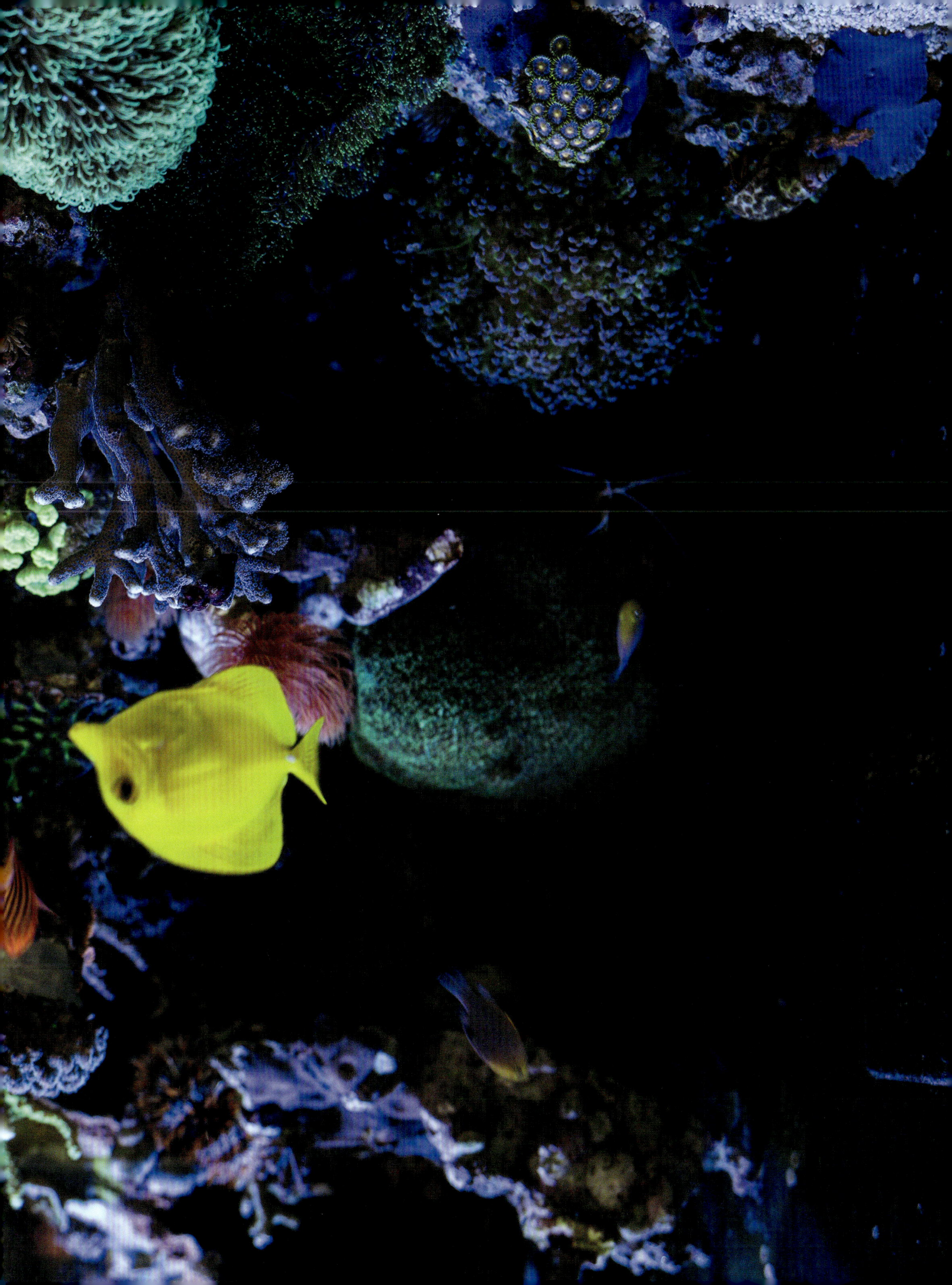

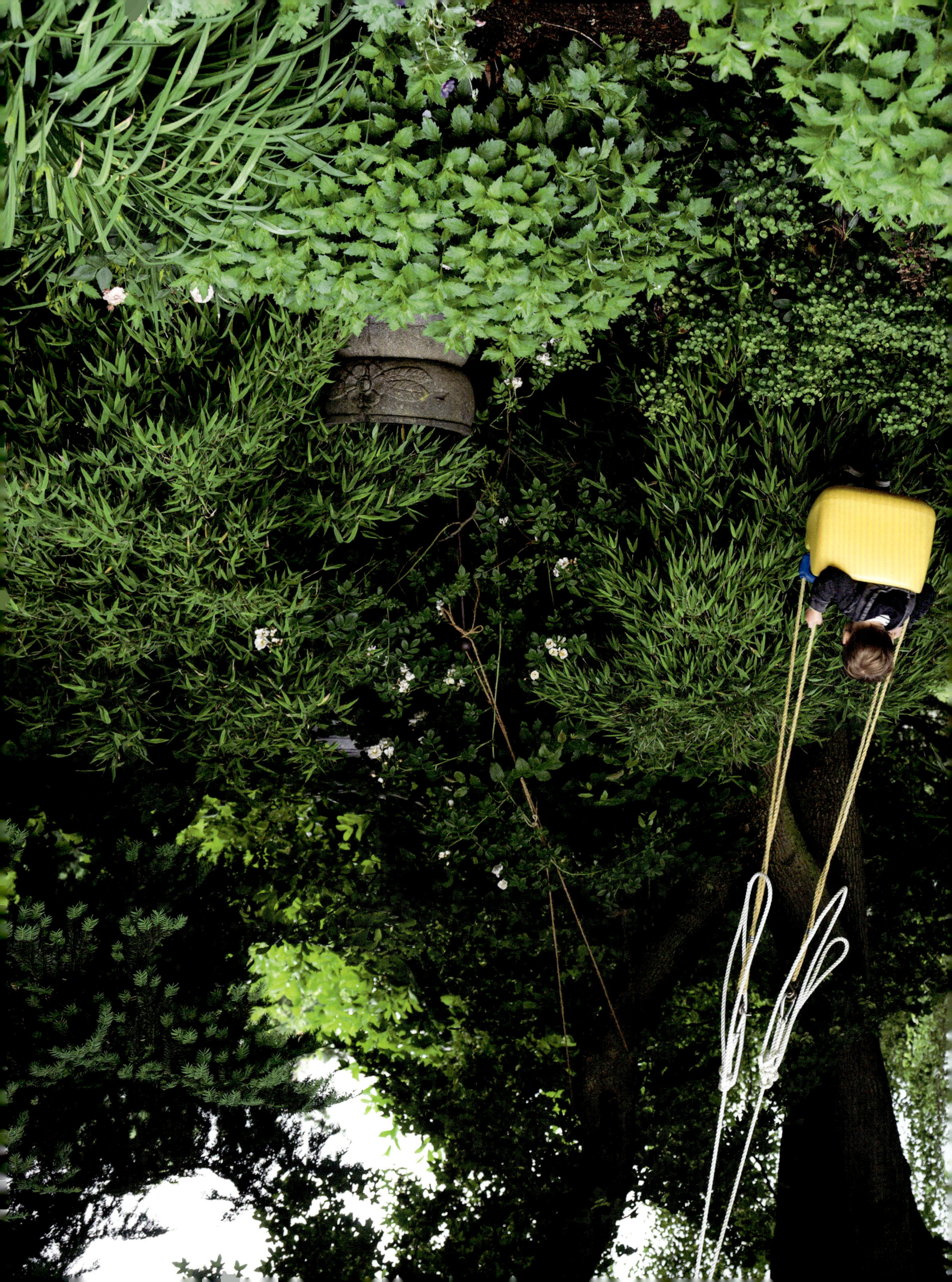

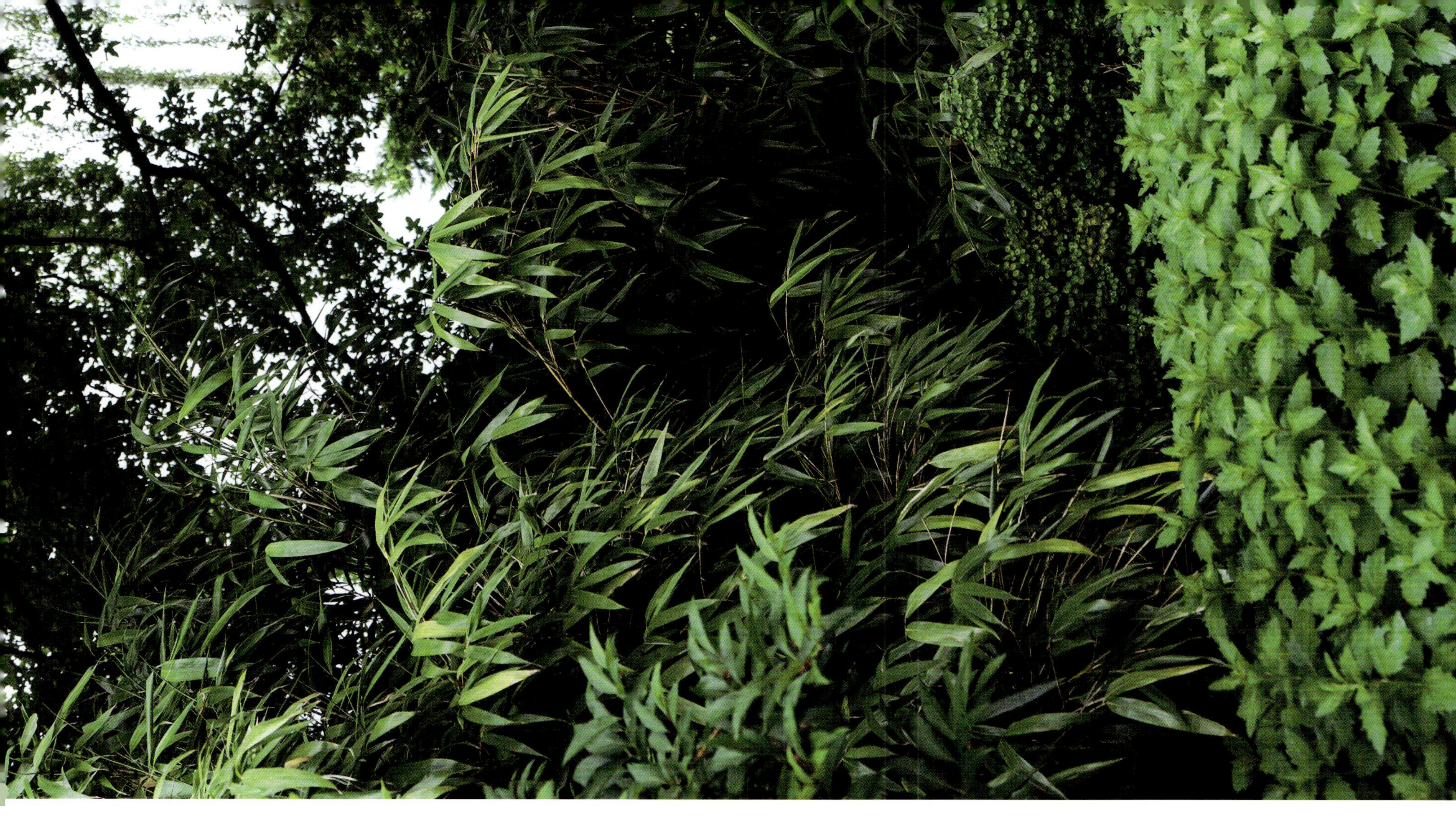

Gregor Schmidt

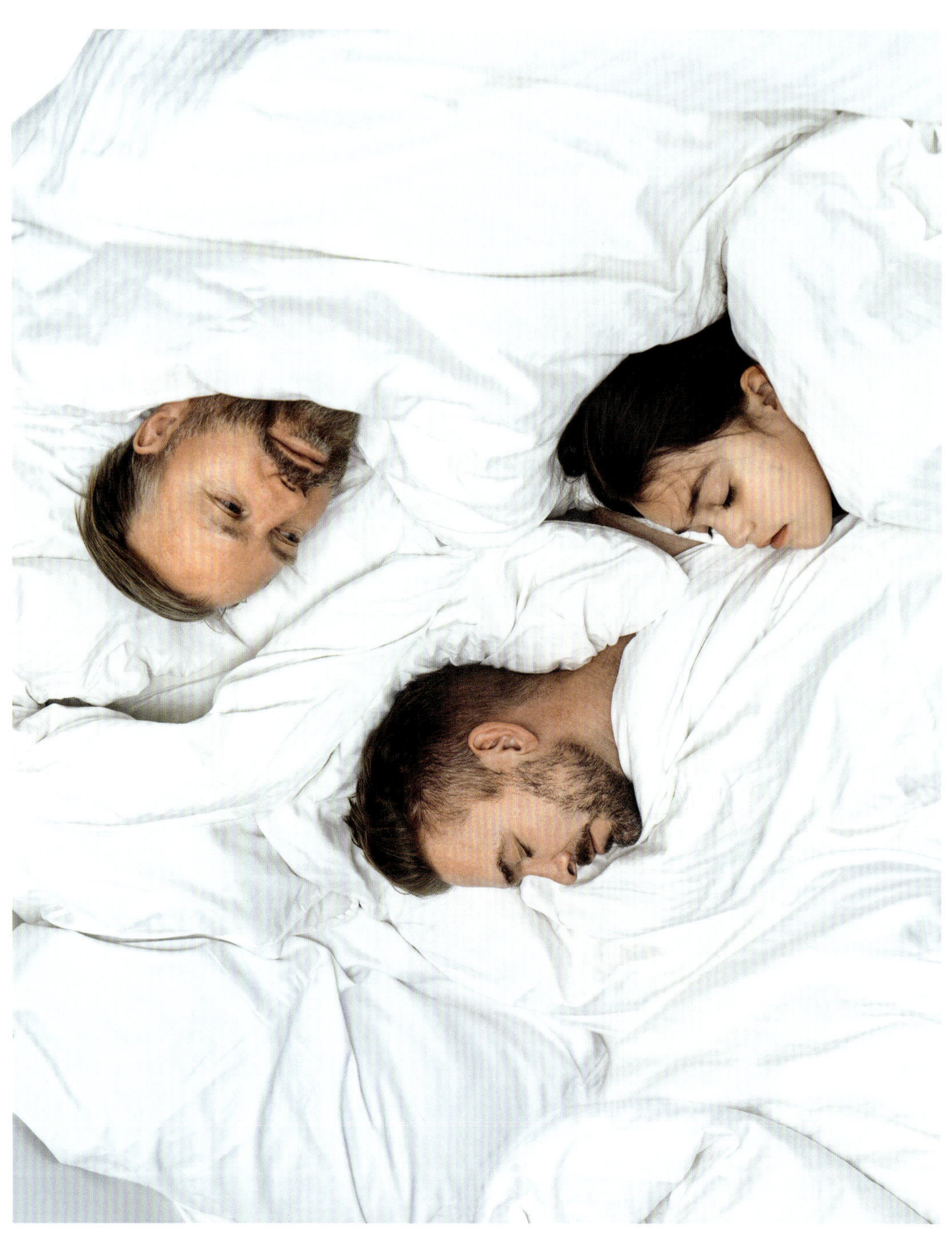

Gregor Schmidt

Familienbild

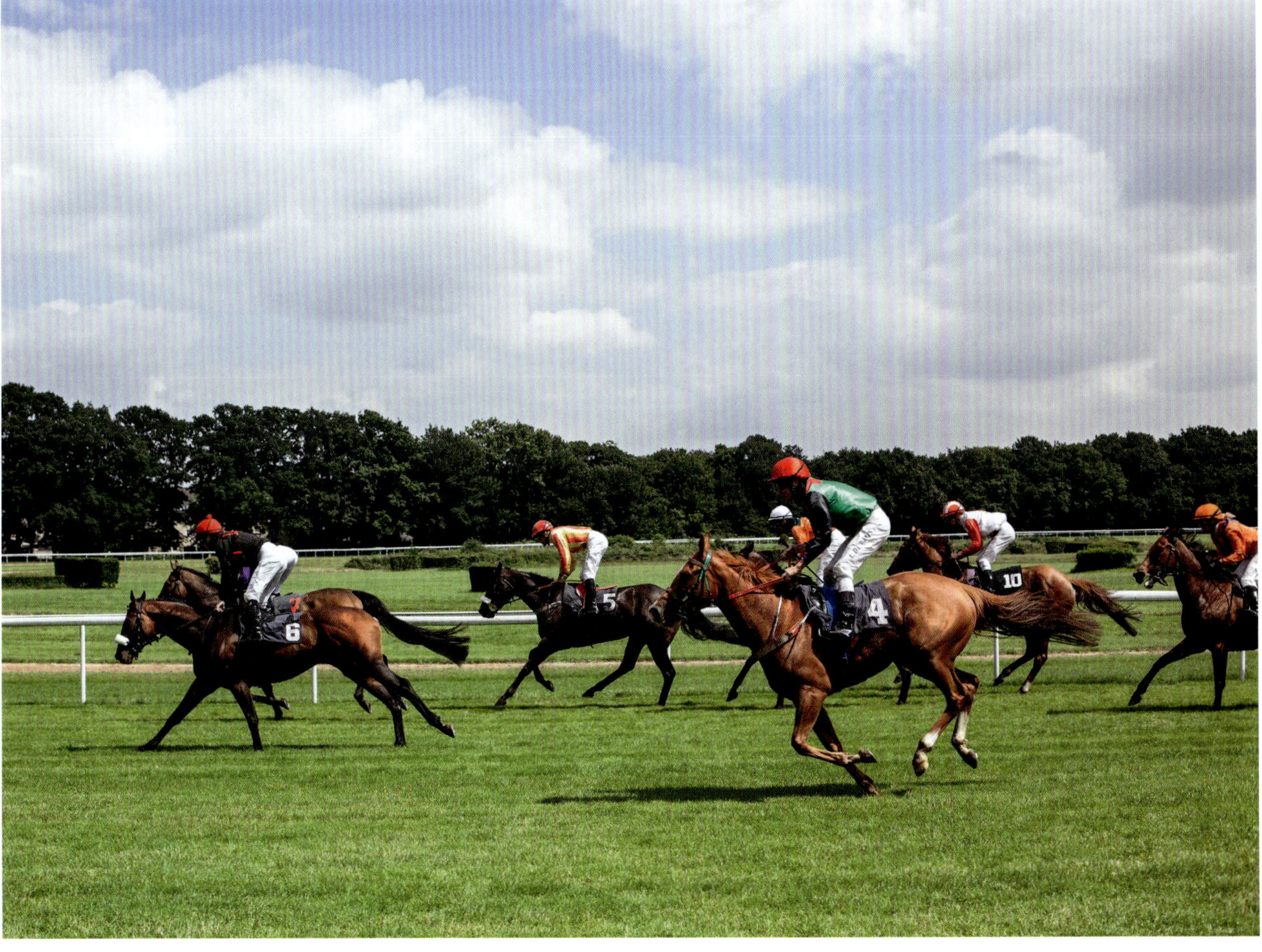

Jakob Ganslmeier

Manch einer hat in der vergangenen Zeit sein unter Tage Erspartes auf die Rennbahn getragen – und verloren. Pferdewetten sind bis heute in breiten Bevölkerungsschichten beliebt. Doch noch immer lässt sich das Glück nicht zwingen. Und auch für die Rennbahn ist der Strukturwandel eine bittere Tatsache: Die Totoumsätze schwinden, das Wettgeld wandert in den virtuellen Raum ab.

In days gone by many a man took what he'd saved from working underground to the race track – and lost it. Betting on horses remains popular with broad swathes of the population. But luck remains elusive. And not even the race track is immune to the bitter truths of structural change: the tote jackpots are declining and stake money is vanishing into virtual gambling.

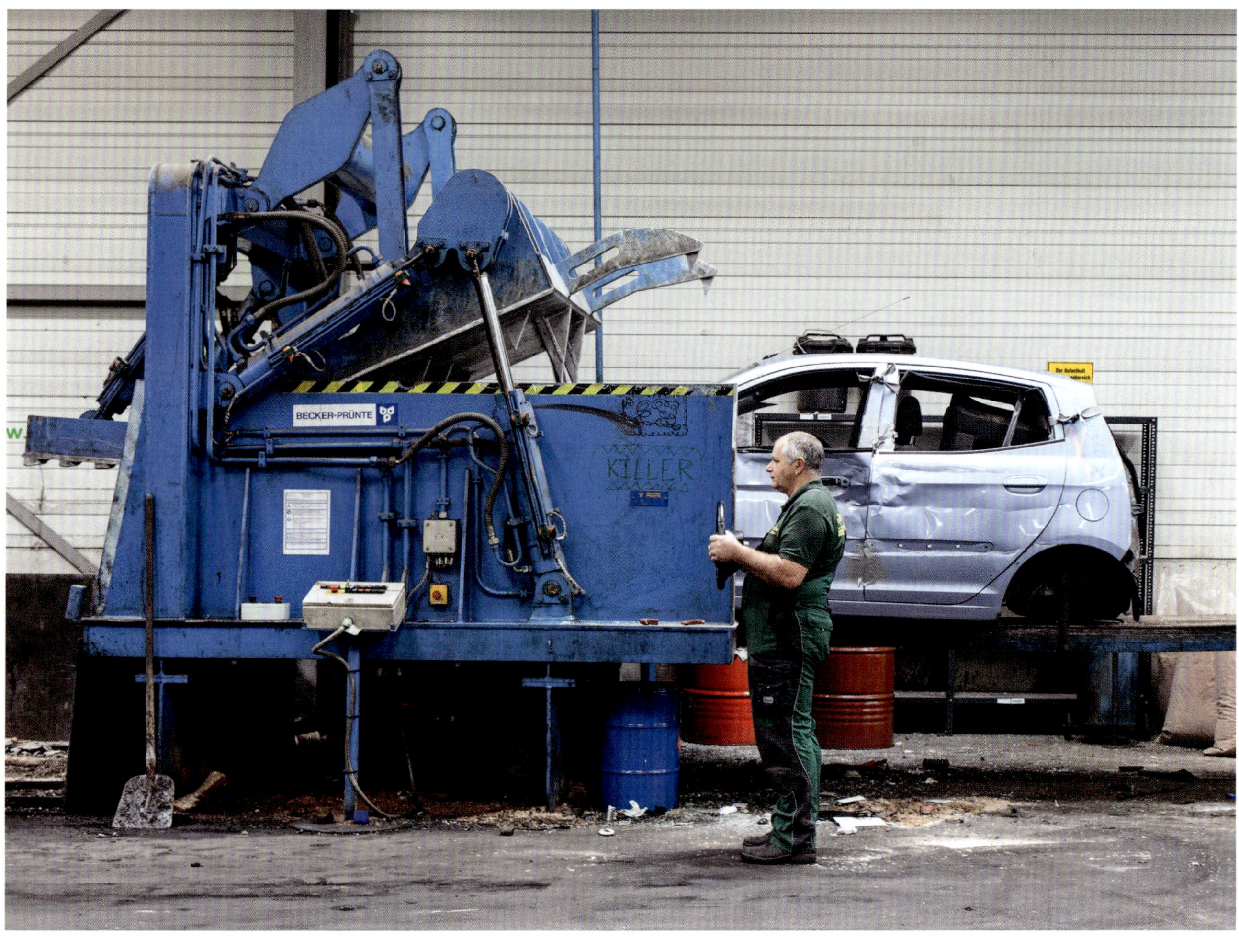

Alles Schrott!? Die Autoverwertungsanlage Herten ist ein hoch spezialisierter Fachbetrieb, der Autos chirurgisch seziert. Wie bei einer Organentnahme wird heraus operiert, was noch zu gebrauchen ist: statt des Herzens der Motor, statt der Lunge der Vergaser, statt der Leber der Tank. Was nicht mehr taugt, wird in Würfel gepresst und zum Einschmelzen weitertransportiert. Dieser Abenteuerspielplatz lohnt sich!

All junk!? The Herten car reclamation yard is a specialised operation which cuts up cars with surgical precision. Just like harvesting organs, an operation takes out what can still be used: instead of the heart, the engine, instead of the lungs, the carburettor, instead of the liver, the fuel tank. What cannot be used is compressed together into a cube and taken away for smelting. This adventure playground is well worth a visit!

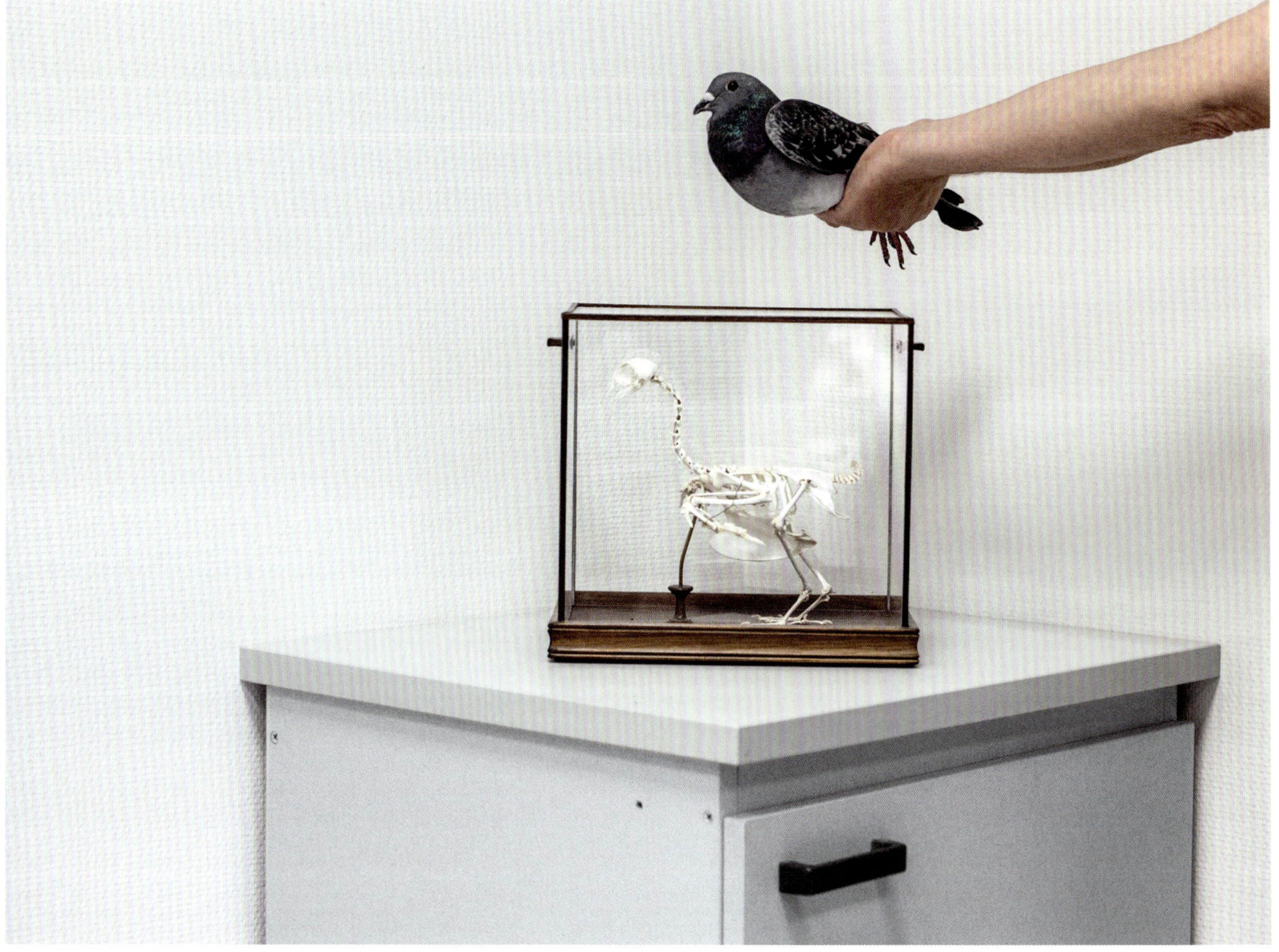

Jakob Ganslmeier

Brieftaubenzucht war unter den Kohlekumpeln und Stahlwerkern eine weit verbreitete Freizeitbeschäftigung. Noch heute sind die gefiederten Gefährten im Einsatz, wenn auch nicht mehr für die Übermittlung von Fußballergebnissen oder anderen Nachrichten. Doch für Hochleistungsvögel, die von Regensburg bis Essen gerade einmal 3,5 Stunden brauchen, muss man auch heute noch einiges tun. Hier ein Blick in die einzige Brieftaubenklinik Deutschlands, in der bis heute Vögel verarztet und Spezialisten ausgebildet werden.

Breeding homing pigeons was a popular pastime among miners and steelworkers. Even now these feathered friends are still active, even if they no longer pass on football results or other news. However, racing birds, which only take 3½ hours to travel from Regensburg to Essen, require some looking after. This is a view of Germany's only clinic for homing pigeons, where the birds are given treatment and specialists are trained.

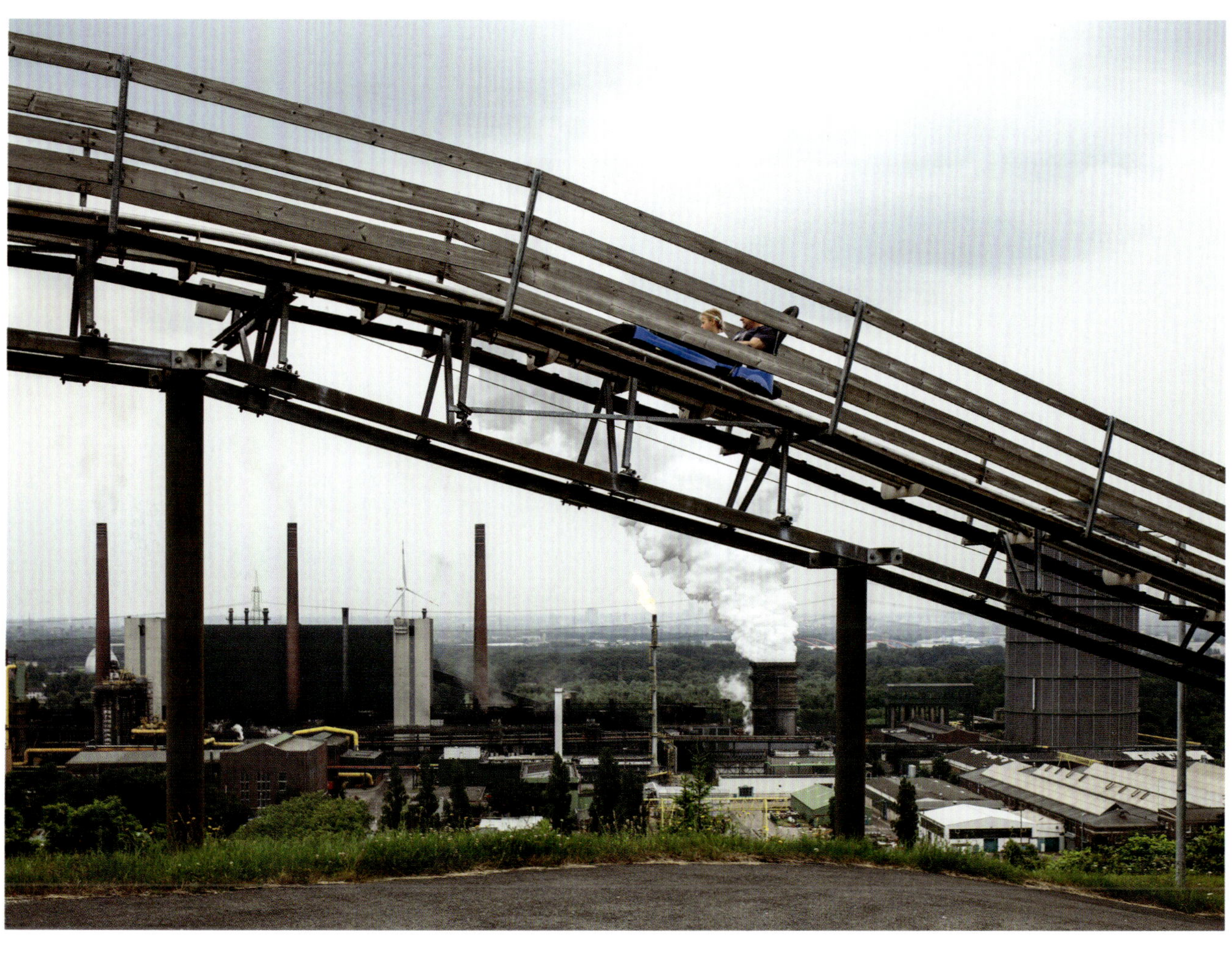

Wer den höchsten Punkt der Sommerrodelbahn in Bottrop erklimmt, hat eine Aussicht, wie sie Ruhrgebietsbewohner wehmütig mögen. Dampfende Meiler, rauchende Schlote, betriebsame Werke. Doch ganz wie die Industrie scheint auch die Rodelbahn eine wackelige Angelegenheit. Gut, dass die Höchstgeschwindigkeit bei 28 km/h liegt.

Anyone climbing to the top of the summer toboggan run in Bottrop is rewarded with a view to make any Ruhr resident wistfully nostalgic. Steaming slag heaps, smoking chimneys and busy works. However, just like the industry here, the toboggan run is distinctly shaky. It's a good thing the maximum speed is only 28 km/h.

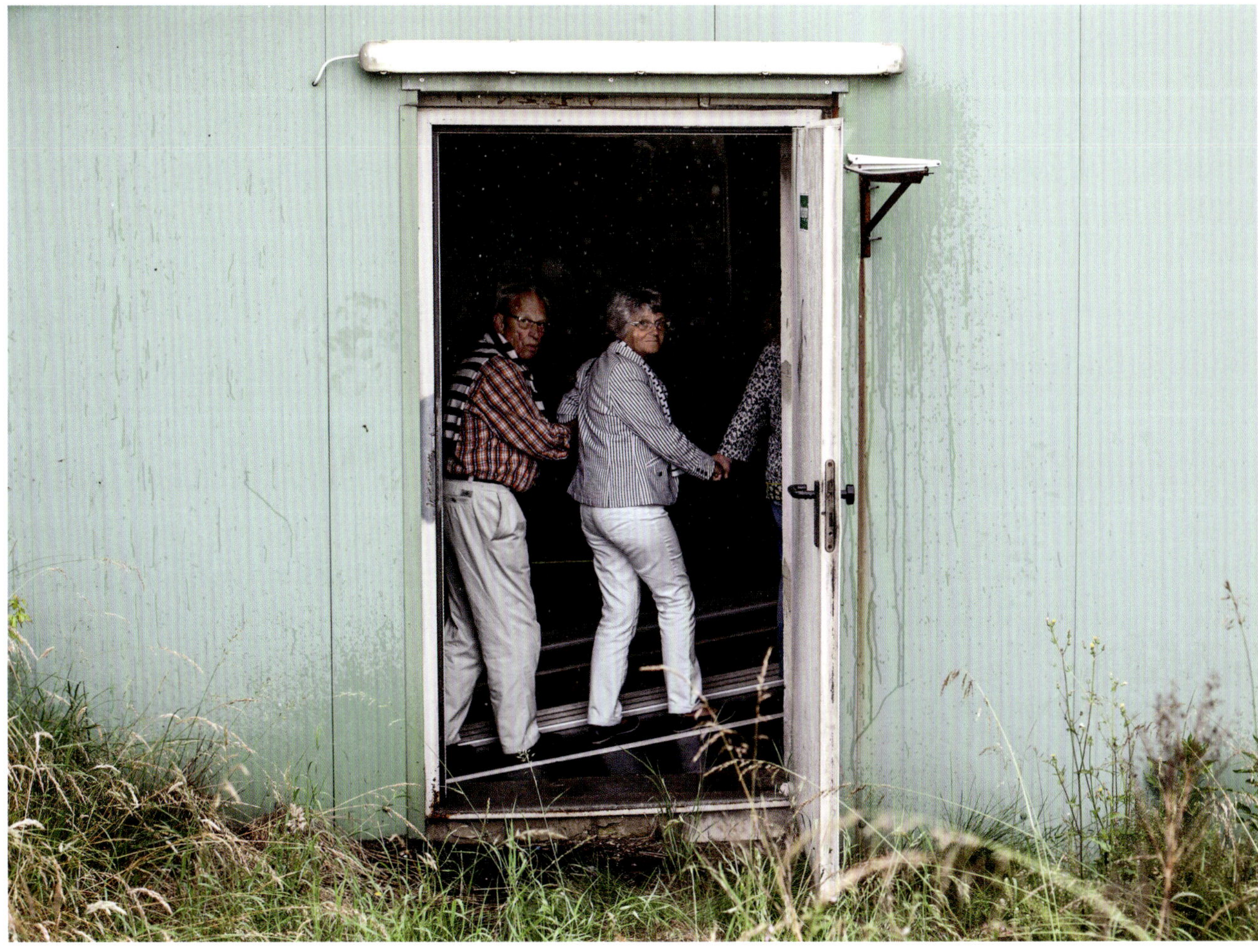

Jakob Ganslmeier

Wo andernorts modernste Technik verwendet wird, um jahreszeitunabhängig in Tropenbädern oder Eishallen Sport und Spaß zu ermöglichen, muss in Bottrop wenig reichen. Der Blick in Deutschlands älteste Skihalle zeigt die Schlichtheit der Anlage. Den Stammgästen nimmt es die Laune am Liftfahren an diesem historisch wichtigen Ort nicht.

While elsewhere the most advanced technology is used to facilitate sport and fun in tropical baths and ice rinks whatever the season, people in Bottrop have to make do with less. This view of Germany's oldest indoor ski slope demonstrates the simplicity of the facilities. But nothing can take away the pleasure of these regulars riding on the lift at this historic venue.

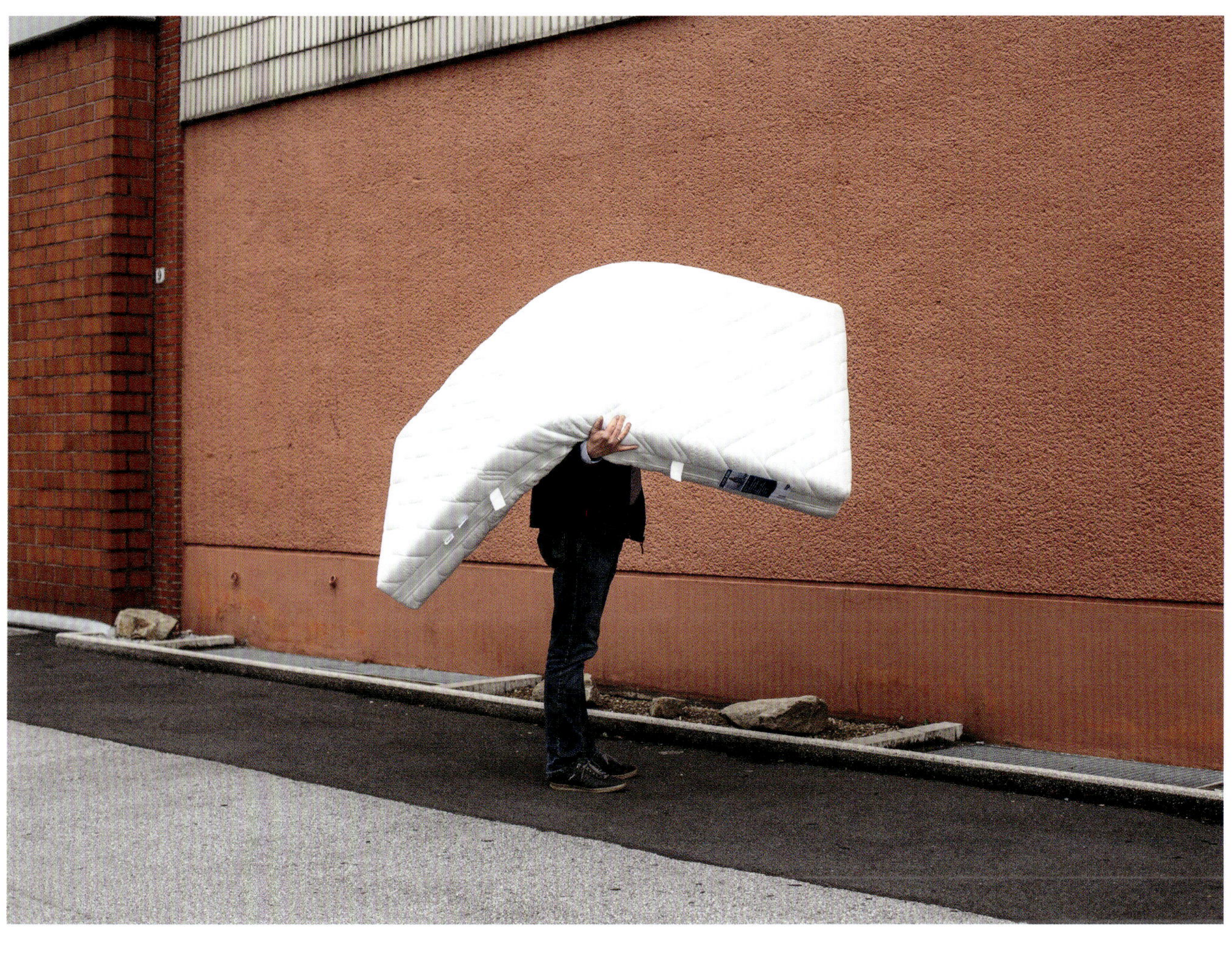

Wenn Arbeit keine Selbstverständlichkeit ist, muss der Arbeitnehmer ständig dazu bereit sein, den Wohnort zu wechseln. Viele Bochumer sahen sich in den vergangenen Jahrzehnten gezwungen wegzuziehen. Und eine ganz Reihe von ihnen brauchte nicht einmal einen Umzugswagen.

When work cannot be taken for granted, employees must constantly be willing to change where they live. Many Bochum residents have been forced to move away in recent decades. And a great many of them didn't even need a removal van.

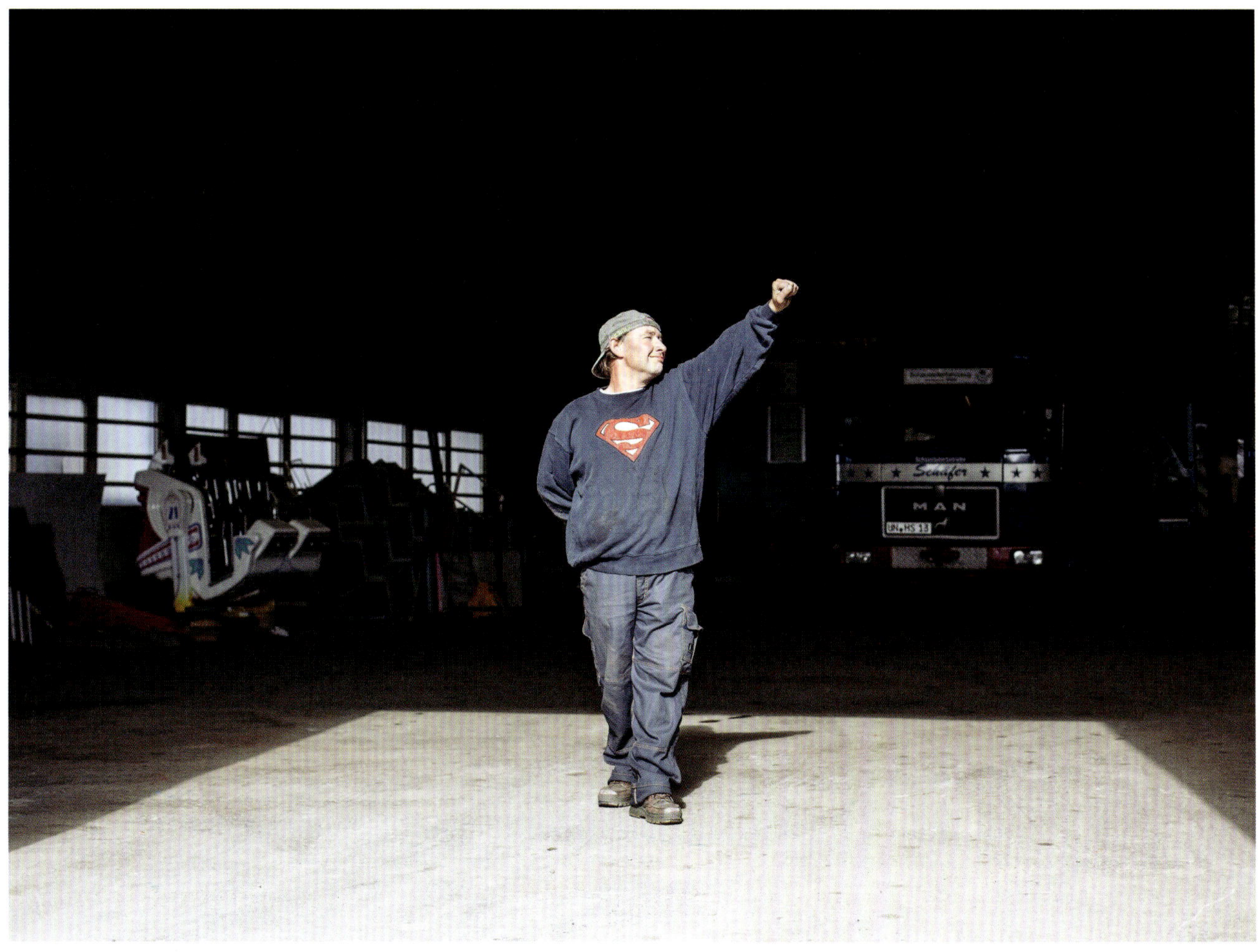

Jakob Ganslmeier

Was der Mann am Leib trägt, ist ein politisches Fanal. Nur Superman kann es schaffen, den alten Werkshallen Leben einzuhauchen. Der Zivilist auf dem Bild ist in Wahrheit Schausteller, und in den Hallen werden Riesenräder und Fahrgeschäfte aufbewahrt und gewartet, wenn sie nicht im Einsatz sind.

What this man is wearing on his body serves a political beacon. Only superman has the power to breathe life back into these old works buildings. The civilian in this picture is actually a showman and the buildings are used to store and service Ferris wheels and fairground rides when they are not in use.

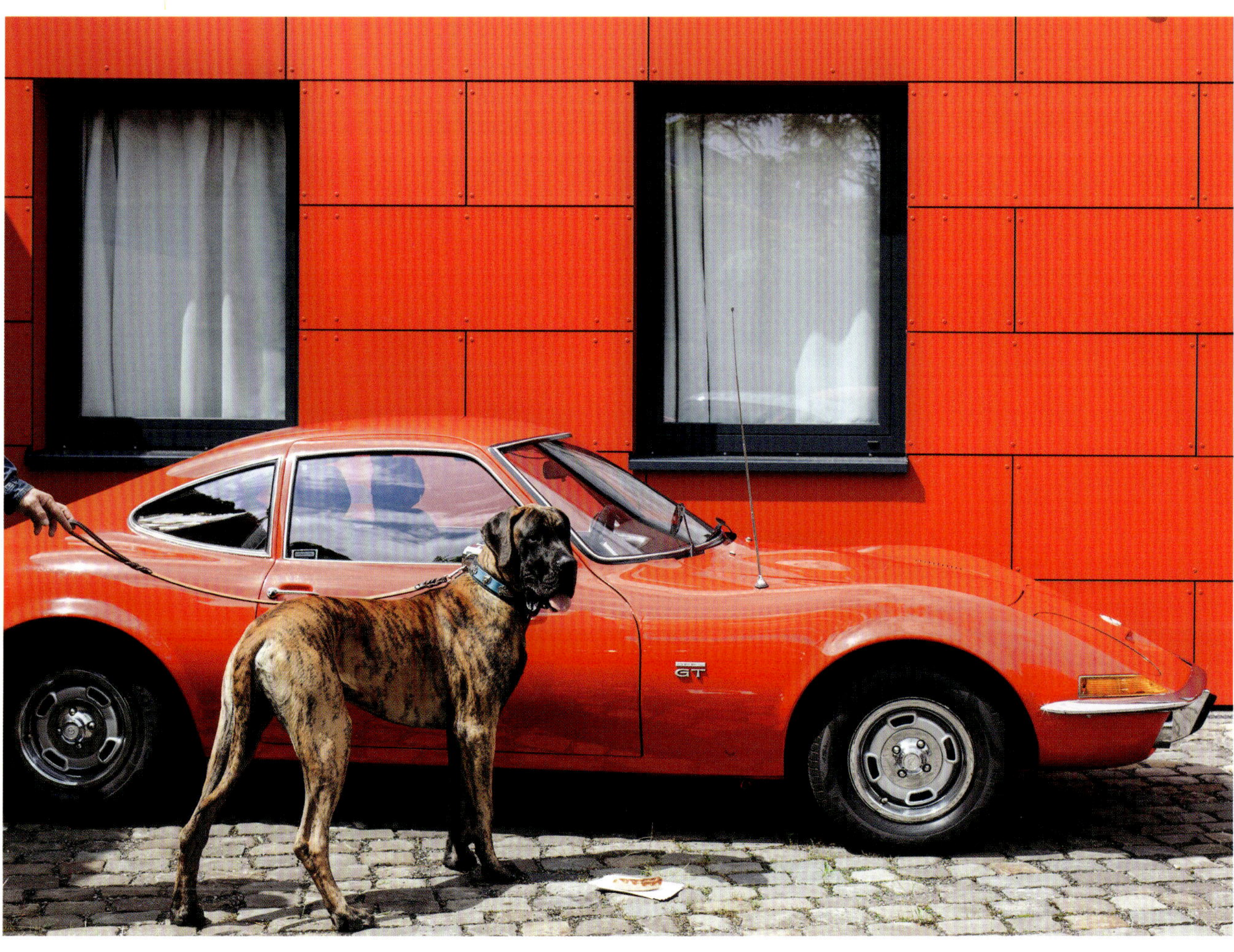

Die Verbindung von Glamour und Tradition könnte sich nicht besser zeigen als vor diesem Anwesen. Ein Opel GT – das Fahrzeug wurde zwischen 1968 und 1973 weitgehend in Bochum gefertigt – und eine edle Deutsche Dogge. Der Besitzer, ein stadtbekannter deutscher Playboy, wollte sich aus Sicherheitsgründen nicht fotografieren lassen.

There is no finer example of the combination of glamour and tradition than what's shown in front of this property. An Opel GT – the vehicle was built largely in Bochum between 1968 and 1973 – and a noble German mastiff. The owner, a German playboy known all round town, did not want to be photographed for security reasons.

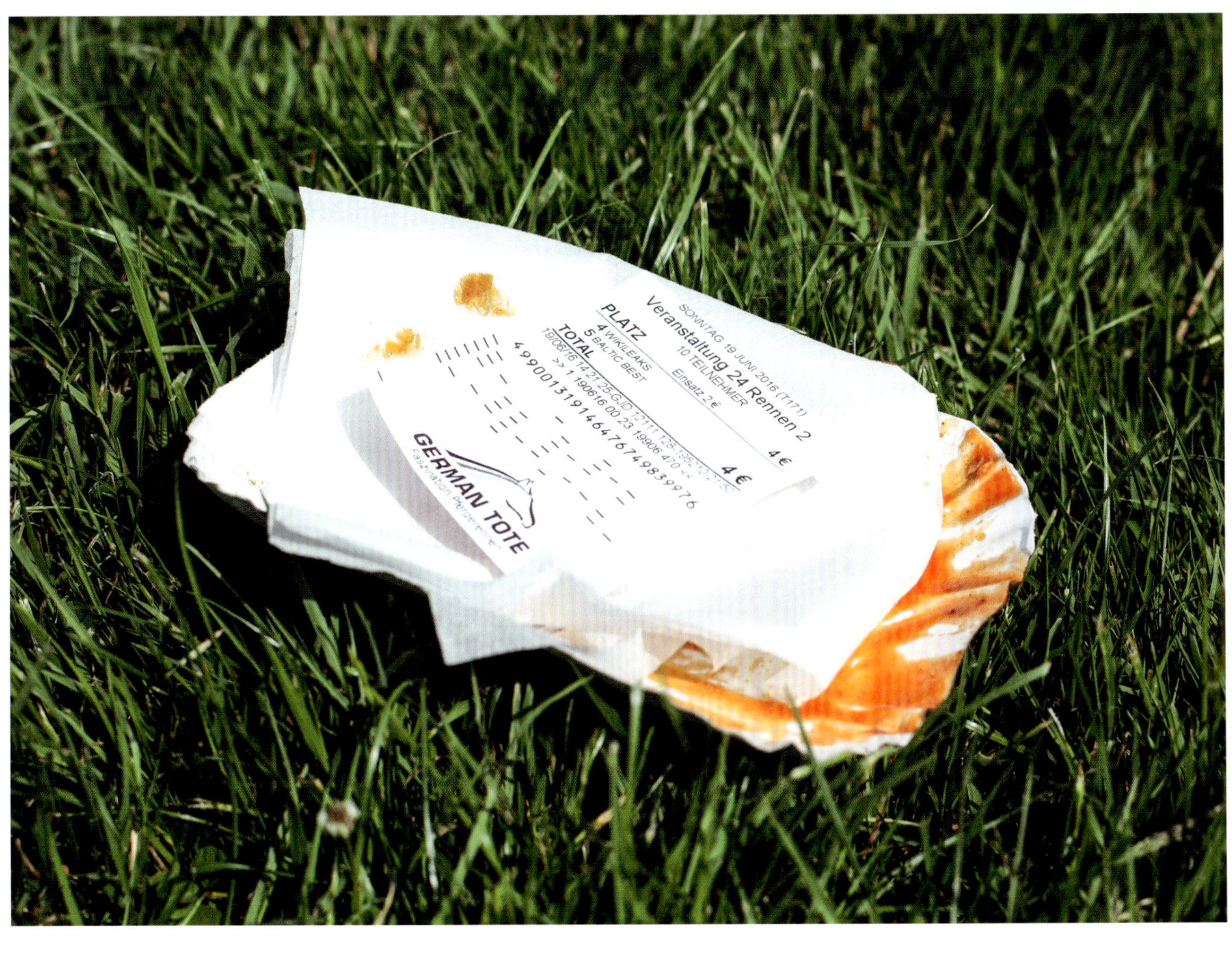

In diesem anonymen Rasengrab sind die gut bezahlten Arbeitsplätze Bochums bestattet. Endlose grüne Flächen ziehen sich durch die Stadt. Opel, Hüttenwerke, Kohlengrube – über alle ist Gras gewachsen. Was den Nachkommen bleibt: Wetten und Pommes.

It is in this anonymous grass-covered grave that Bochum's well-paid jobs lie buried. Endless expanses of green cover the city. Opel, steel works, coal mines – grass has overgrown them all. All their descendants are left with are: betting shops and chips.

Jakob Ganslmeier

Lovely Planet: Bochum
Ein Reiseführer an der Grenze zur Realität
A Travel Guide on the Edge of Reality

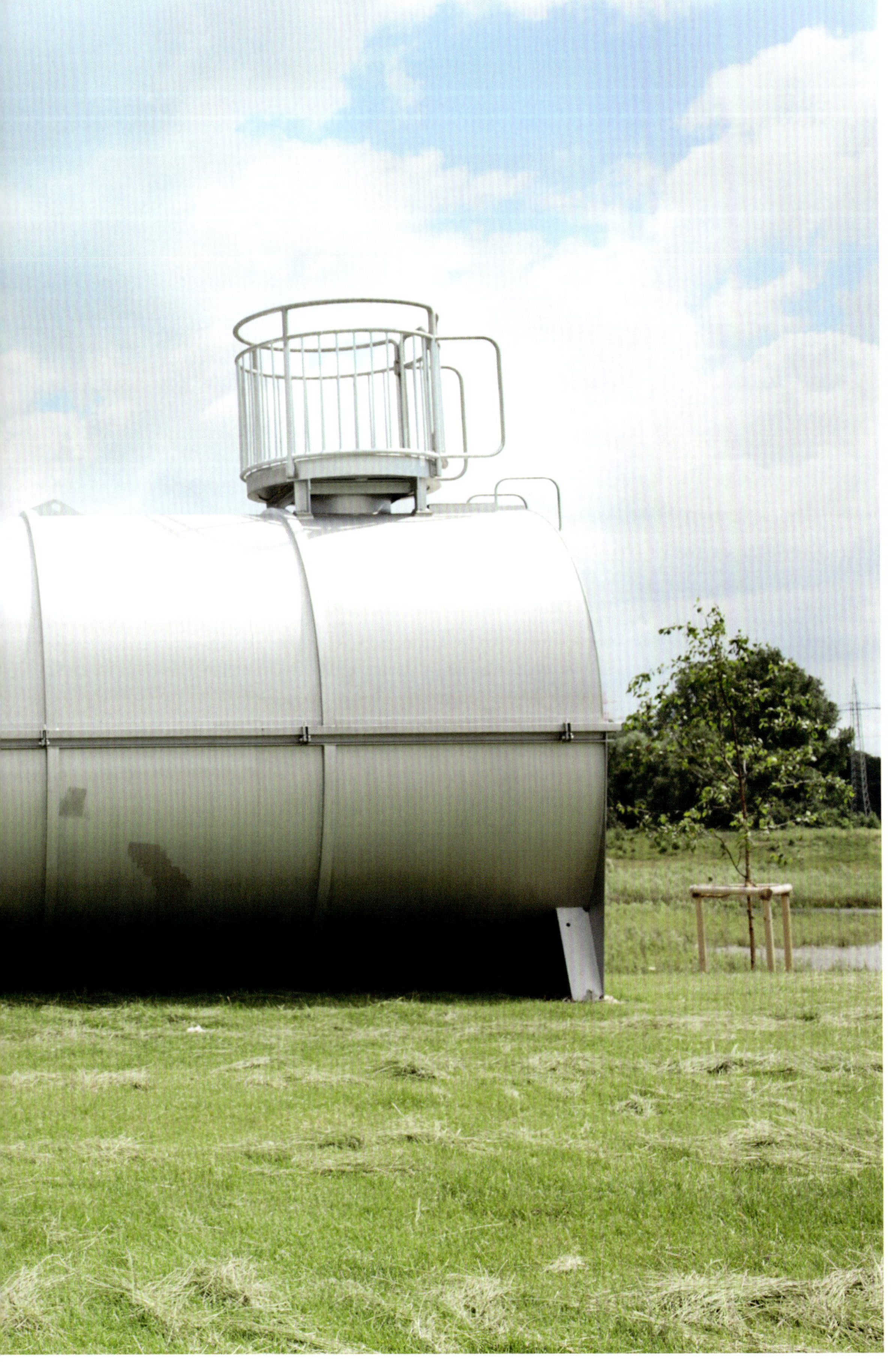

Louisa Boeszoermeny

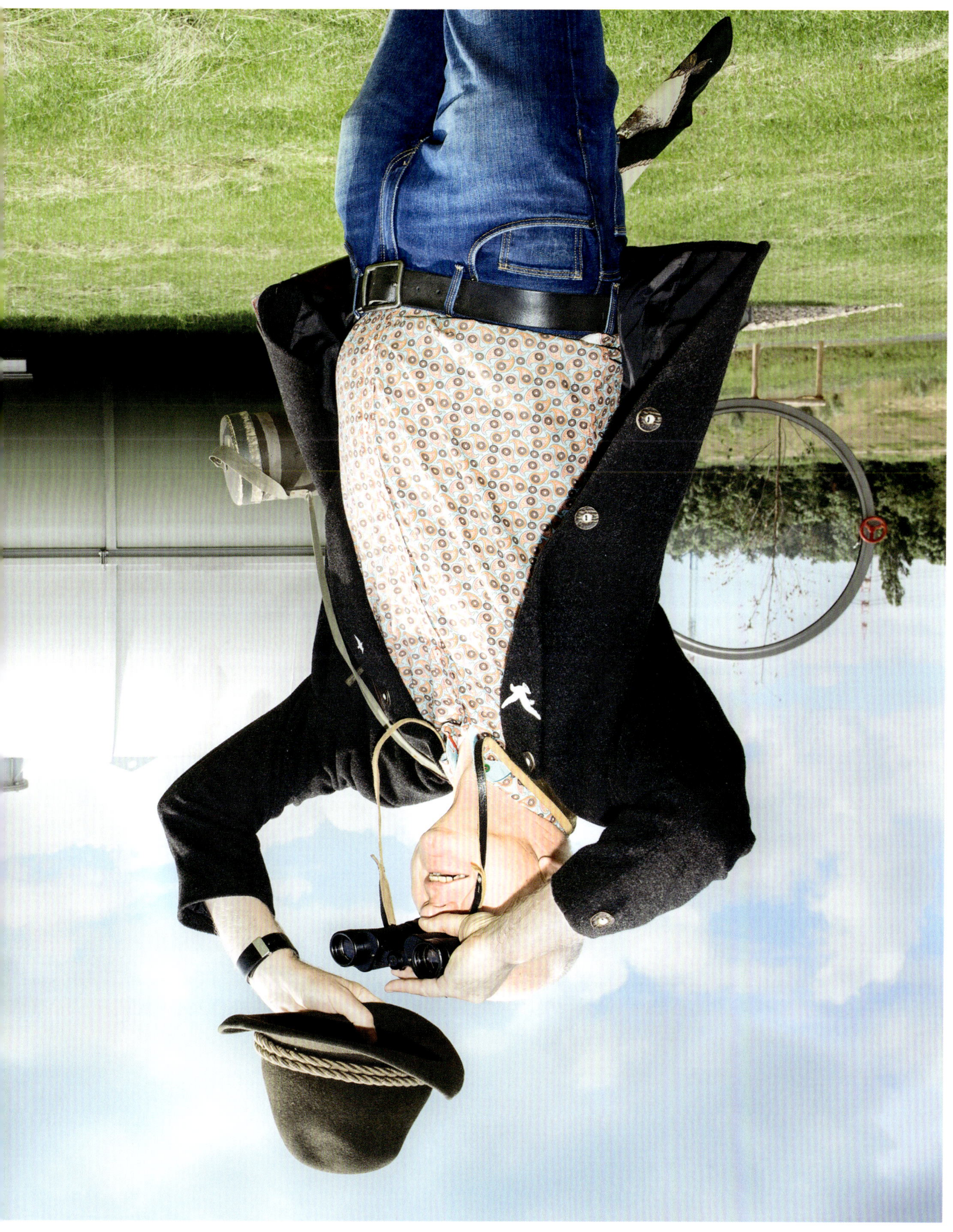

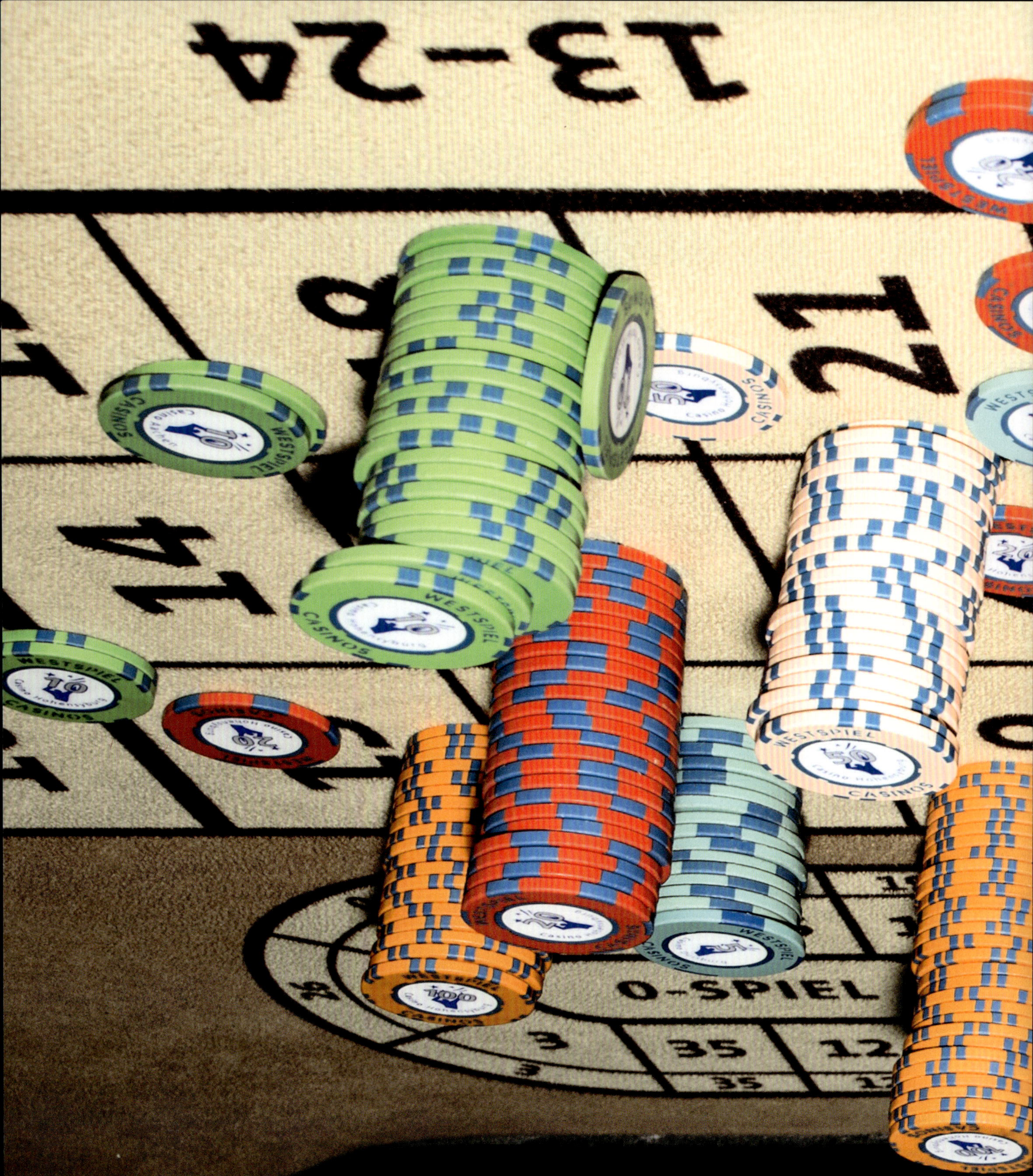
13-24
0-SPIEL
WESTSPIEL
CASINOS

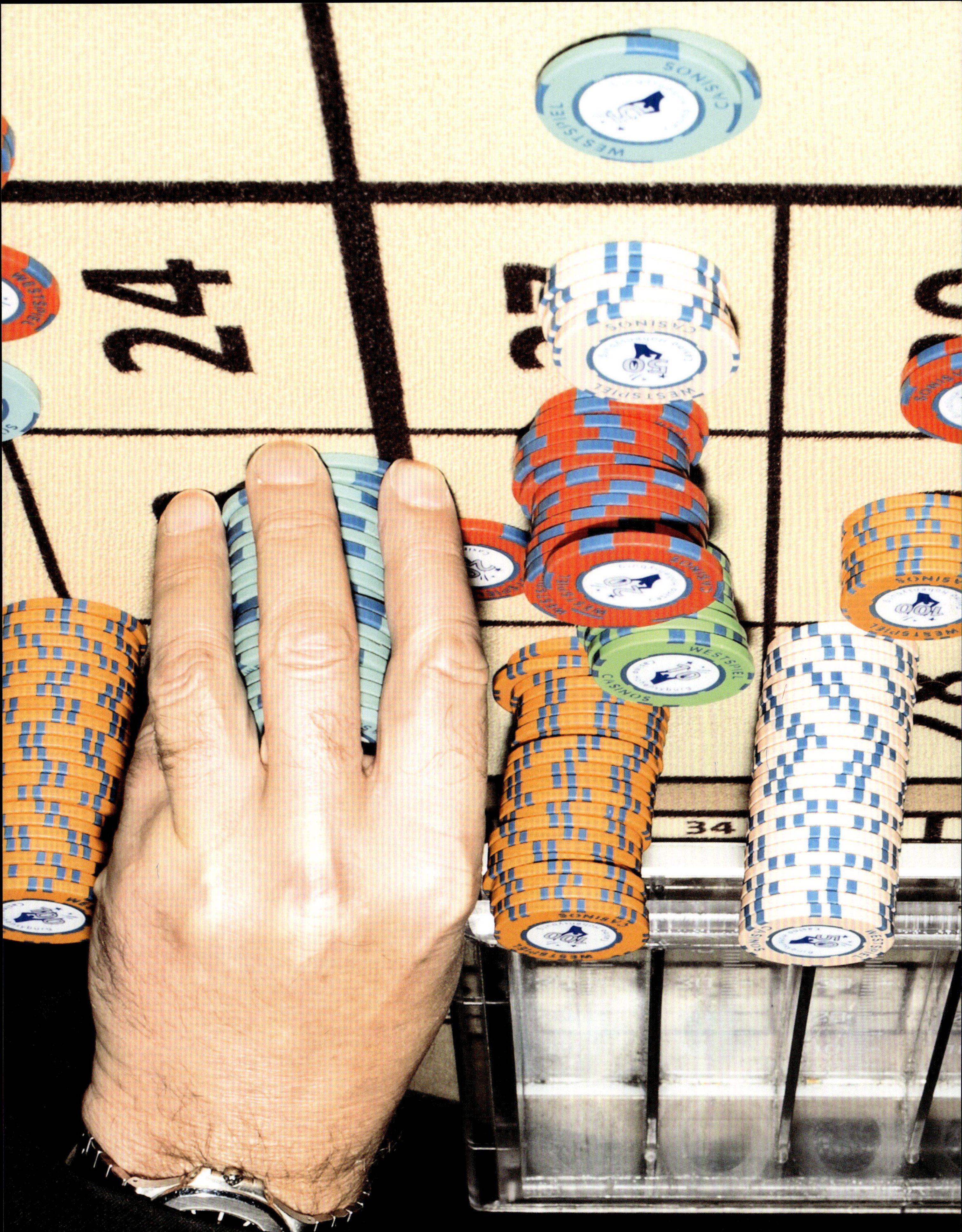

24
34
WESTSPIEL
CASINOS

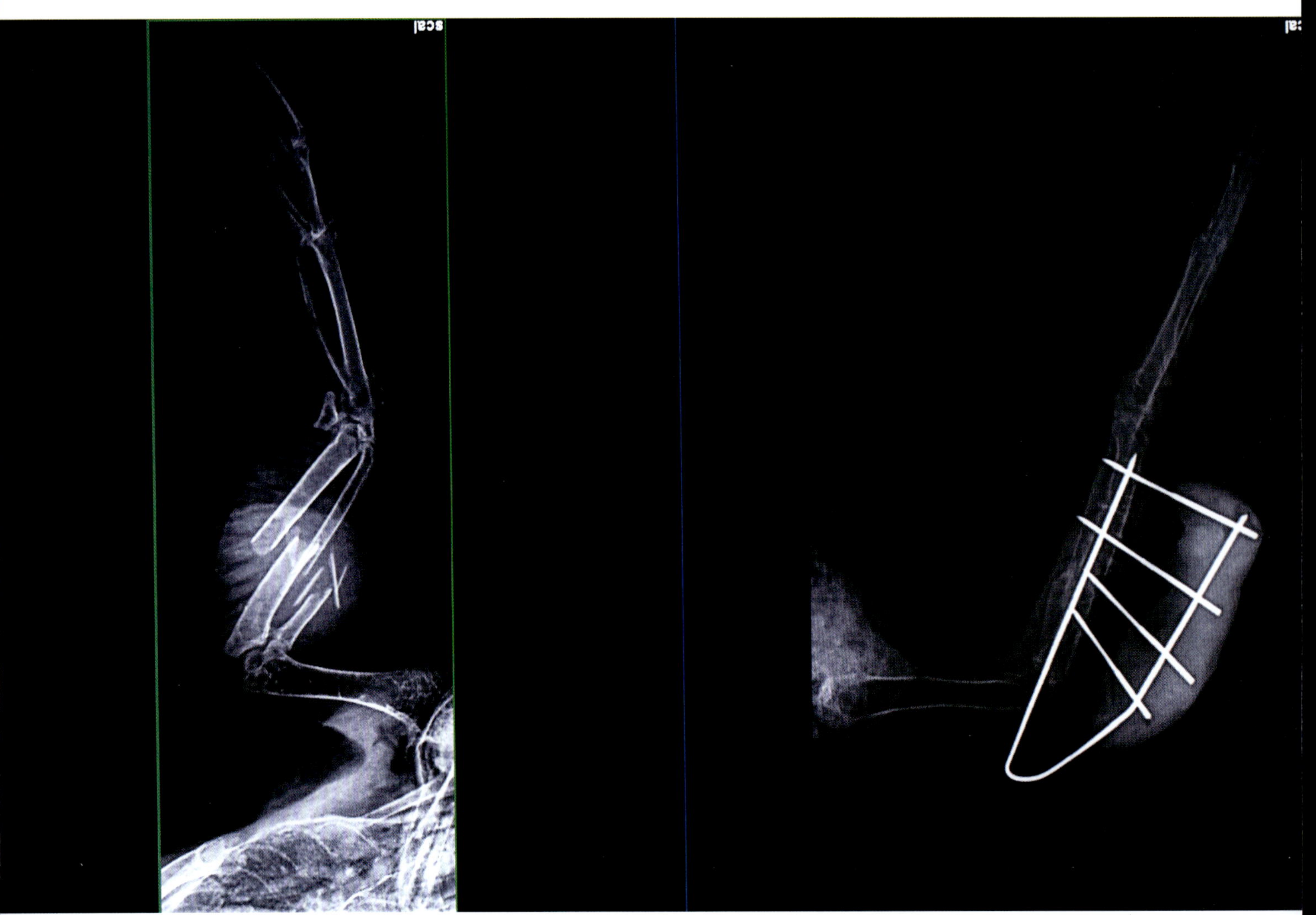

Louisa Boeszoermeny

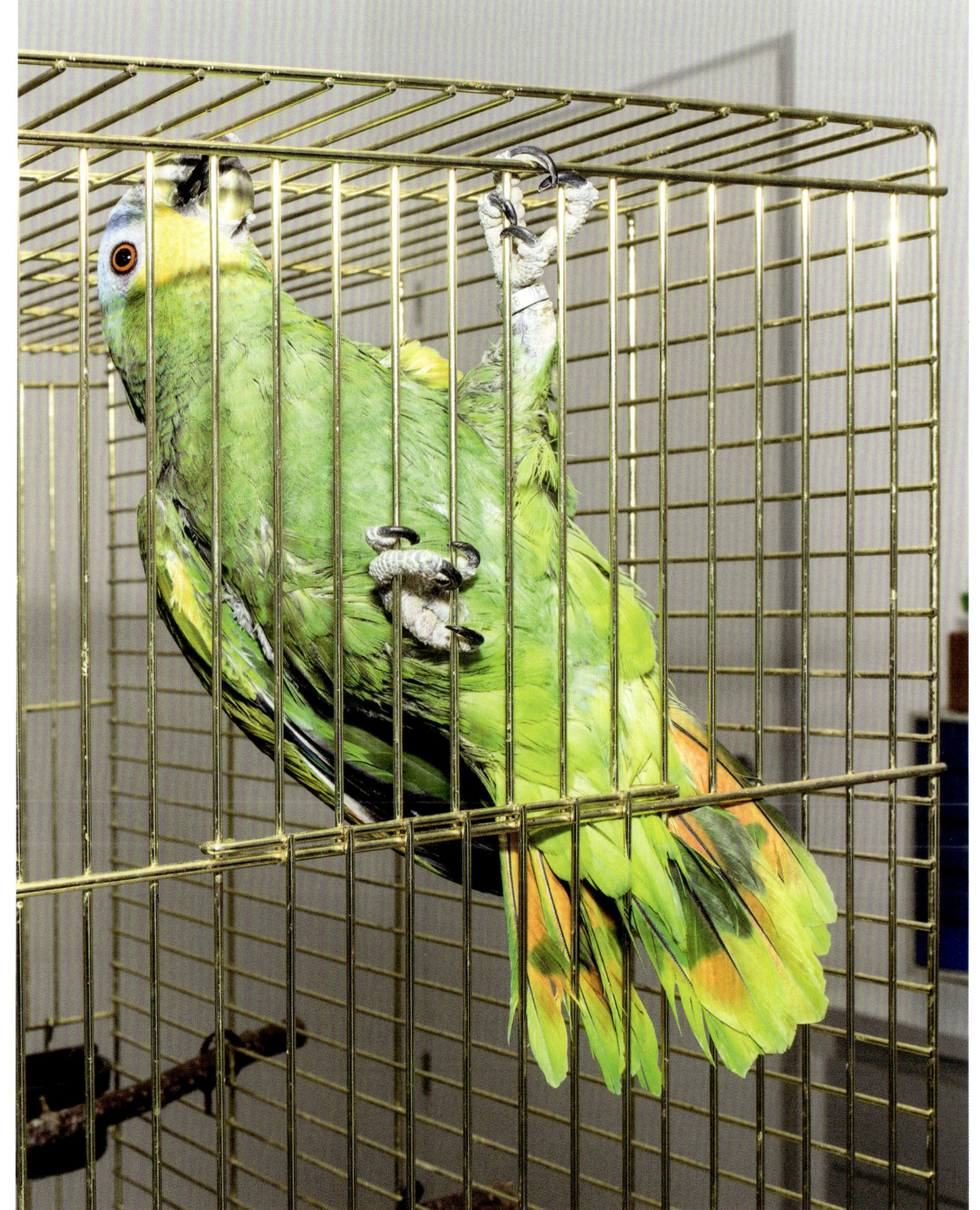

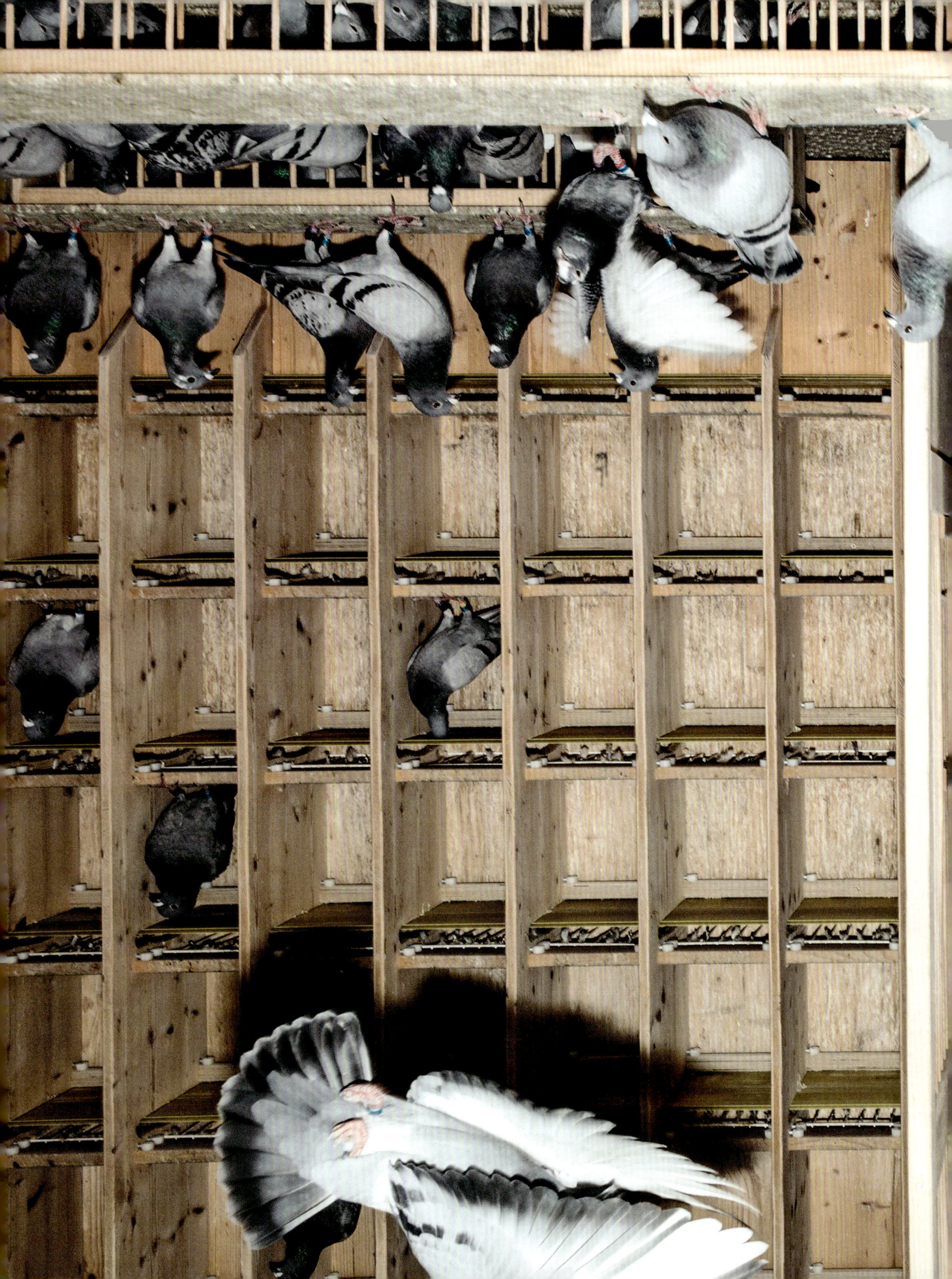

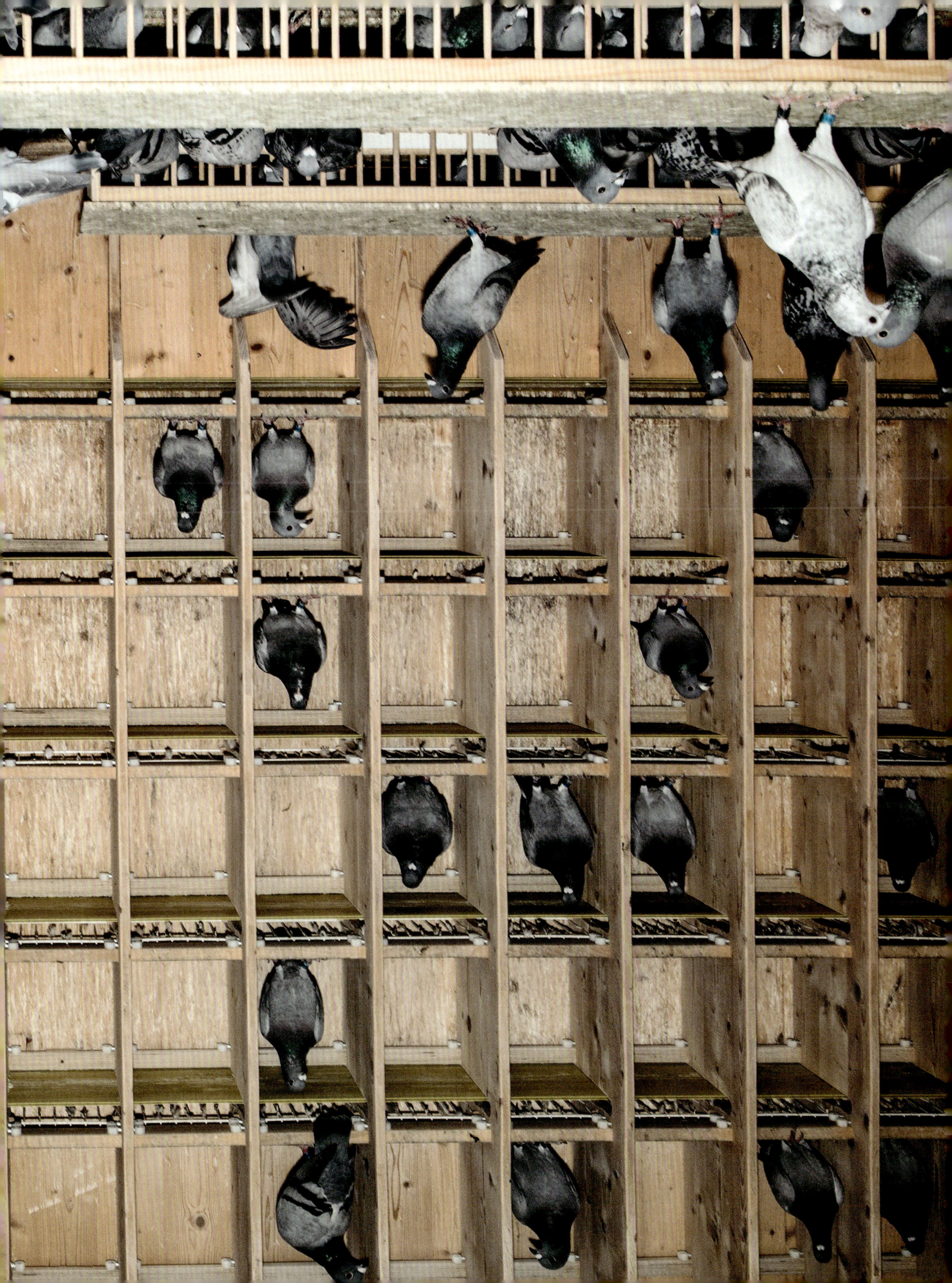

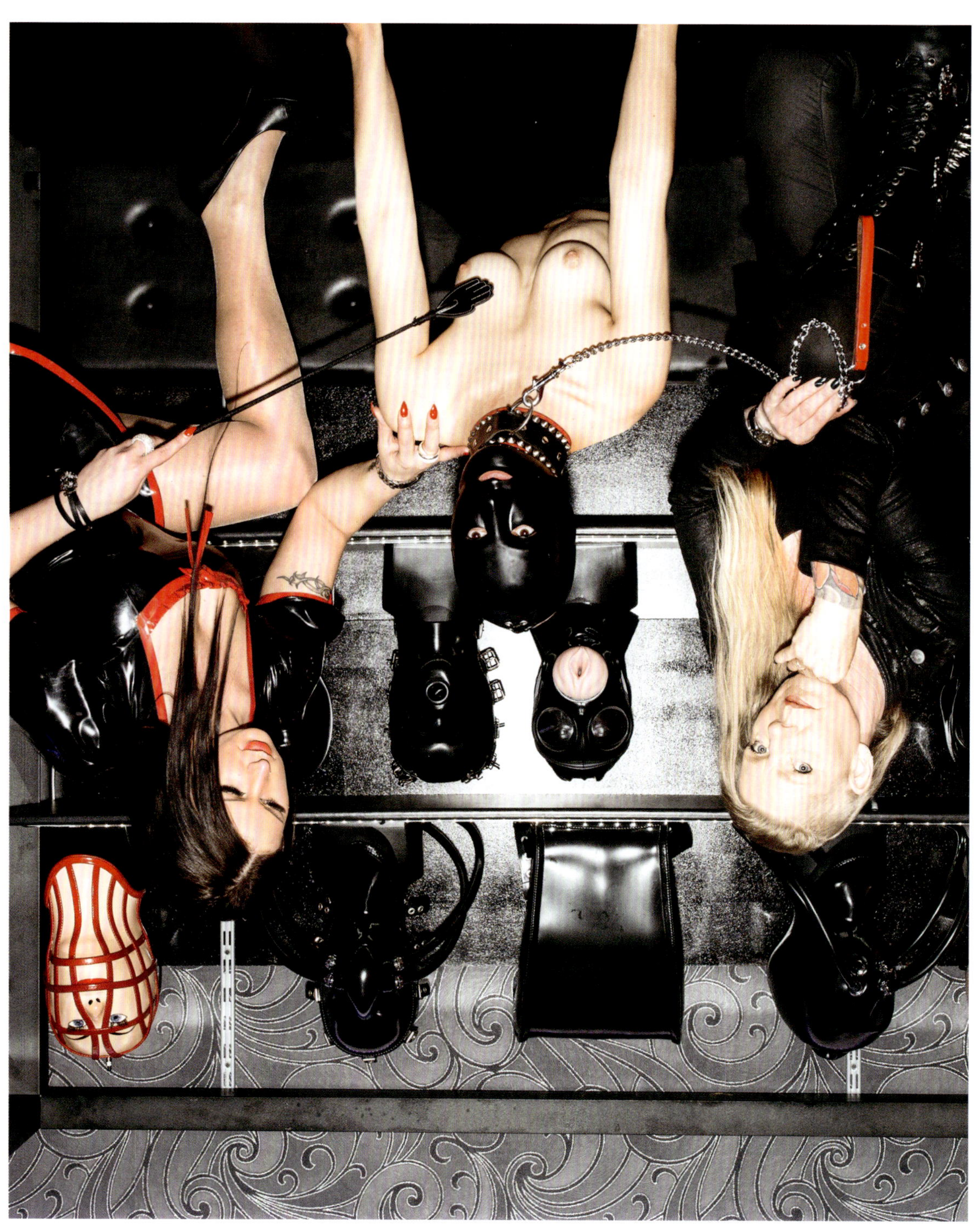

Louisa Boeszoermeny

BUDE BETT BARGELD

BUDE
BETT
BARGELD

DISTANZ

Junge Fotografie
Ruhrtriennale 2016
Meisterkurs Daniel Josefsohn

Louisa Boeszoermeny
Jakob Ganslmeier
Gregor Schmidt
Julian Slagman

RUHRTRIIIENNALE
Festival der Künste